大学教育について考える

山田耕路

海鳥社

はじめに

　国立大学が法人化され2年が過ぎようとしている。この2年間で明らかになったことは，教育内容の改善が大学評価の重要な項目となっており，法人評価および認証評価に耐える教育システムの構築が喫緊の課題となっていることである。

　九州大学で実施されている教育の内容については，時代の変化にともない改善されてきたが，教育システムについては大きな変更を行うことなく運営されてきた。教養部の廃止や大学院重点化による組織変更は行われたが，理系学部では小講座制に立脚した大講座制で動いており，時代の要求に沿った抜本的な改革は実施されていない。

　平成19年4月から教員組織の変更が可能となり，九州大学でもその導入について検討が行われているが，これを機会に教育システムの抜本的改革を実施することが望まれる。しかし，大学教員は正式な教育プログラムを受けることなく教員としての業務を行っており，大学の教育改革については十分な情報を与えられていないように思われる。

　教育システムの改革について論議するためには，あるべき教育の姿に関する教員間のコンセンサスが必要であるが，教育情報の共有は進んでいないのが現状である。すでに，教授あるいは助教授として教育に携わっている教員にとって，自らの教育法が批判の対象となることは堪えられないであろう。しかし，法人評価および認証評価を受けるということは，教育研究の成果について第三者評価を受けることを意味しており，自らの作業を評価に耐えうるものに改めていく必要がある。

　講義法および学生指導法については，教員個々の裁量に任されてきたが，教育システムの高度化を行うためにはそれぞれが有する情報を交換し，レベルアップを図ることが必要である。私は平成12年4月から4年間，農学部で学務委員長を務めたせいもあり，学生教育に関する業務を多く体験してきたが，学生指導に関する興味は大学院生時代からあり，学生教育についてさまざまな試みを行ってきた。

それらの試みの一部は大学内で発行されている「大学教育」に寄稿してきたが，発行部数が限られており，多くの教員の目に留まることはなかった。これらの情報のうち，学生に関わるものは『大学でどう学ぶのか』（海鳥社）にとりまとめ，平成17年8月に出版したが，教育方に関する原稿は使用せず，別の機会を待つことにした。

　同年11月に思いがけず教育担当理事副学長を任命され，教育システムの改革に取組むこととなったが，この数ケ月に痛感したことは教育関係情報の共有が大学全体でほとんど行われていないことであった。大学内には優れた教育上の取組みが行われているものと思われるが，研究情報と異なり，教育情報はほとんど公開されない状況にある。そこで，私の限られた体験を公開することが，学生教育に関する情報公開のきっかけになればと思い，本書のとりまとめを行うこととした。

　すでに執筆済みの原稿は，「大学教育」に掲載された3編の報告と九州大学農学部における授業評価結果の抜粋であり，前者は参考資料としてそのまま掲載することとした。後者は個人的情報に属する部分を除いた抜粋を掲載することとした。第1章から第6章の本文は，九州大学の教育情報および評価関連の情報を教育現場に伝えるため，新たに執筆したものである。各教員の業務遂行の指針となれば幸いである。

　本書を執筆した第2の理由は，教育における大学貢献を全教員に認識していただきたいことにある。教員の採用にあたっては，教育評価システムが確立されていないため，研究中心の業績評価が行われてきた。その結果，各教員は研究を主務として大学に採用されたと考えている。しかし，大学の本務は教育であり，研究も教育の一環として行われていることを認識してほしい。教育の重要性が認識されてはじめて教育の質の向上に関する努力が可能になる。

　大学における教育業務の重要性を幅広く認識していただくためには，教育関連の情報発信を行うことが必要である。本書の公開をきっかけとして，多くの教員が教育関連情報の公開に協力していただけることを願っている。

　本書を執筆した第3の理由は，大学改革における実行案を提示することにある。法人評価および認証評価において高い評価を受けるためには，大学の教育と研究の質の改善につながるさまざまな改革を実施する必要がある。これらの改革は部局レベルで実施する必要があるが，改革関連情報が部局の各構成員の

はじめに

レベルまで浸透しているとはいいがたい状況にある。本書では，改革において考慮すべき事項および部局の状況に応じて，実施可能な具体的改革案をできる限り多く例示することを試みた。本書を参考に，部局の状況に応じた現実的改革に取組まれることを期待している。

なお，本書は大学改革担当総長特別補佐および教育担当副学長として考えた多くの提案を記載しているが，個人的意見を列挙したものであり，九州大学首脳部のコンセンサスに基づいて執筆したものではないことを付記しておく。

平成18年7月20日

山田耕路

目　　次

はじめに　3

第 1 章　大学改革 ……………………………………………………… 9

大学改革の必要性　9／大学改革の実施体制　10

業務の効率化　11／教員の役割分担の柔軟化　13

部局の組織改革　14／財務改革　17

自己資金の確保　20／情報発信能力の強化　21

出版活動の推進　22／同窓会および後援会活動の活性化　24

教育の高度化　25／カリキュラムの見直し　27

施設の有効利用　29／人材の有効利用　29

九州大学の将来像　31

第 2 章　大学における評価とその活用 ………………………… 35

法人評価　35／認証評価　38

各種評価への対応　39／教員の業績評価　40

学生による授業評価　42／授業評価の内容　44

授業評価結果の利用　45／授業評価のサイクル　48

第 3 章　教育システムの高度化と実質化 ……………………… 51

九州大学の教育システムの改革　51／全学教育　51

専門教育　52／大学院教育　54／大学院の定員充足率　57

学生参加型授業の実施について　59／学生による講義　60

学生参加型演習　62

第4章　ファカルティーディベロップメント ……………………… 65

自己点検・評価 65／ファカルティーディベロップメントとは 66
九州大学農学研究院におけるＦＤの実施例 67
ＦＤのあるべき姿 68／教育システムの改善 69

第5章　講義の進め方 …………………………………………………… 75

講義の目的 75／講義の形態 75
シラバスの作成 76／講義資料 77
講義の実施 79／質疑応答 81
演習 82／講義の運営 83
学生との対話 84／オフィスアワー 85

第6章　学生の修学指導 ………………………………………………… 87

修学指導の必要性 87／低年次学生の指導 88
学部学生の指導 90／大学院学生の指導 92
アカデミックハラスメント 93／セクシャルハラスメント 96
進路指導と就職支援 97／健康科学センター 98
学生生活・修学相談室 99／就職支援室 100
留学生センター 102／学生後援会 103

参考資料1　学生の授業評価と講義内容の改訂 105
参考資料2　九州大学農学部における学生の授業評価結果（抜粋） 117
参考資料3　学生参加型授業の試み 127
参考資料4　農学研究院・言語文化研究院合同ＦＤを実施して 134

第1章　大学改革

大学改革の必要性

　九州大学は数年後に創立100周年を迎えるが，大学の施設が老朽化するとともに，教育・研究組織にも実態に合わない面が多々生じている。大学法人化は各大学に独自の手法を取入れながら高度な教育・研究体制を構築することを求めており，積極的な改革が必要となっている。

　改革が必要な項目に財務の改善があげられる。国立大学法人には原則として法人化以前に拠出されていた資金に相当する額の運営費交付金が交付されるが，大学評価の高低により運営費交付金の金額が増減されることになる。運営費交付金の総額は教職員の定員削減にともない毎年減額されていくので，定員削減を恒常的に実施するか，自己収入を別途確保することが必要になる。

　研究資金については競争的資金が拡充され，活発に研究を行っている大学に対しては十分な研究費の配分がなされるが，研究活性の低い大学は研究費の不足に悩まされることになる。したがって，研究組織の改革は研究費の確保に不可欠である。

　組織改革を行うためには従来の大学組織の見直しが必要となる。これまで，教員は教育，研究，大学運営に，均等かつ公平に関与することが原則となっており，教員の資質とは無関係に業務の配分がなされてきた。一方，教員の採用

教育システムの改善方策

1）**事務の合理化**：手続きの簡素化，末端業務と統合業務の適正化など
2）**カリキュラム改正**：講義の整理・統合，時間割の弾力化（週2回授業，集中講義，時間外講義等の導入など
3）**組織の見直し**：教員の役割分担の弾力化，教育体制のスリム化，組織の簡素化など
4）**教育内容の高度化・実質化**：厳密な達成度評価，GPA制度の確立，共通教科書の作成，授業評価結果の活用など
5）**修学指導体制の改善**：部局ごとの修学相談システムの確立など
6）**業務評価制度の確立**：教員の教育貢献度評価法の確立など

においては研究業績を中心に評価が行われてきたため、教員の意識は、研究が本業であり、教育を義務的な業務として捉えることが多い。大学運営に関わる行政的業務に至っては、ほとんどの教員はやむを得ない作業として、おざなりの対応をとることが多く見られる。

実際の運営においては、重要な業務は十分な成果を上げる必要があることから、処理能力の高い教員に業務が集中する傾向があり、各人の個性、能力を十分に発揮させることが困難な状況を生み出している。このような状況を改善するためには、業務分担の柔軟化を行うことが必要である。すなわち、教員の希望、資質などに応じて教育、研究、行政に関する業務の分担比率を柔軟に変化させ、得意分野での質の高い業務の達成を可能にすべきである。

大学改革の実施体制

大学は複数の学部や大学院などの部局から構成されており、各部局は講座から構成されている。講座の形態は、1名の教授を中心とする小講座制と複数の教授から構成される大講座制のいずれかがとられている。理系の実験講座では、小講座は教授1名、助教授もしくは講師1名、助手1名で構成されることが多いが、教員の定員削減の進行にともない、この構成を維持することが困難となっている。

九州大学では研究院制度を採用しており、教員は研究院に所属して学府(大学院)および学部の教育研究を行っている。農学研究院では複数の小講座が一つの大講座を構成しており、旧来の小講座は「研究分野」と呼ばれているが、実質的な教育・研究単位は研究分野である。すなわち、複数の小講座が大講座を構成し、複数の大講座が部門(旧学科に相当)を構成し、複数の部門が研究院を構成し、複数の研究院が大学を構成している。

この構成は文系と理系ではかなり異なっており、理系研究院の間でもかなりの違いが見られる。したがって、大学改革を行う場合、画一的な変革は実態に即しない場合が起こりうる。望ましい方向は下部組織において積極的に改革案が策定され、大学本部において全体の流れを阻害しない方向に制御することである。

従来の大学組織は小講座に多くの権限が集中しており、小講座を構成する教授を中心にした部局教授会が大学運営の実質的な決定組織となっていた。この

方式では大学全体の運営を効率的に行うことができないので，学長（九州大学では総長）のリーダーシップの強化が強く求められるとともに，大学活動の組織的運営が不可欠となっている。

　この方向で，大学本部ではいくつかの改革が提案・実施されてきた。これらの改革は，活動の主体である部局において実施されてはじめて意味があるものとなる。いかに優れた改革案も下部組織で実施されない限り画餅にすぎない。また，実態に即した改革でなければ効果も上がらないのは当然である。旧来の小講座の権限を一部制限しながら，実態に即した改革を行うためには部局長の権限の強化が必要である。

　大学改革の基本方針は，総長を中心とする本部役員により決定されねばならないが，その基本方針に基づき具体的な改革案を策定するのは部局の下部組織であり，部局長は改革案の策定に強い指導力を発揮する必要がある。各部局の実態に合わせて改革案を作成する責任と権限を，部局長に明示することが必要である。

　このような部局の取組みを組織化するためには，大学改革の基本方針および実施可能な方策を記載した大学改革マニュアルの作成が望まれる。基本方針だけでなく，許されたオプションを明示することにより積極的な改革案の策定が可能となる。このようなオプションは各部局における改革努力の積み重ねのなかで充実していくものであり，優れたオプションを取り入れ，他部局に敷衍することが本部役員の役割であろう。改革当初は基本方針を明示することが重要であり，各部局の改革事例を補充することにより選択可能な改革案を充実させることが望まれる。このような，常に更新される改革マニュアルを共有することが，高いレベルの教育・研究の実施を可能にする。

業務の効率化

　大学改革を行うための緊急課題は業務の効率化である。大学教員は，これまで教育，研究，行政に関連する業務を均等に負担することが通例であり，これらの業務は，大学院学生数の増加や大学法人化にともなう新規業務の追加により，大幅に増加している。大学業務を円滑かつ高いレベルで実施するためには不要な業務の削減と得意な業務への特化が必要である。すなわち，教員の自由時間を増やすことが業務内容の高度化と大学改革の立案・実行に不可欠である。

大学教員はそれぞれ異なる個性を有しており，得意分野が異なる。高い講義能力を有する教員が必ずしも研究能力あるいは行政能力に優れているとは限らない。教育および行政に関する能力は経験とともに上昇するが，先端的な実験科学の分野では研究能力と年齢は必ずしも相関しない。したがって，各教員の個性および希望に合わせて大学に貢献する重点分野を選択させ，得意分野で高度な成果を上げさせることが人材活用の道である。研究能力に優れた教員は，教育および行政分野でも優れた実績を有する場合が多く，業務の達成速度も速いことから種々の業務を依頼されることが多い。しかし，過剰な業務分担は業務の達成度を低下させるものであり，人材の無駄使いである。

　このような無駄を省くためには，不要な業務の削減がまず必要である。九州大学本部では委員会の整理統合による削減，部局代表制の部分的廃止による委員数の削減，委員会開催時間の制限による拘束時間の削減などにより，指導的立場にある教員の拘束時間を大幅に削減している。しかし，この改善は部局では行われておらず，部門代表教員の時間の無駄使いが続いている。一部の委員会を除き，部門代表制をとる必要はなく，専門家により実質的かつ速やかに検討された結果を構成員全員にメールで配布することにより，部局の民主的な運営を行うことが可能である。

　同様の無駄は事務職員の業務にも多く存在しており，事務部のみで達成可能な効率化はすでに実施されている。しかし，教員と事務職員との間に存在する無駄な業務の削減に関する討議はほとんど行われていない。電子事務化が進み，多くの作業が教職員の端末で実施可能となったことは評価できるが，現場での作業の増加がかえって教育・研究の遂行を阻害している場合もある。部局事務室や部門事務室で実施可能な処理と，研究室で実施しなければならない処理の区別が必要であろう。また，同様の情報を繰り返し入力する必要も生じているが，情報の共有化により複数の業務に活用できるシステムの構築が必要である。すなわち，大学運営情報をリレーショナルデータベース化し，端末で入力した情報を各種分野で利用可能にすべきである。

　教員の勤務は裁量労働制となっており，残業について考慮する必要はないが，事務職員の場合は週45時間以上の残業はできないことになっている。国立大学法人化に際して業務の整理が行われていないと，事務職員は業務を達成するために過剰な残業を行うこととなり，残業手当を支給できない残業を行う羽目に

なる。また，自宅に仕事を持ち帰る必要が生じることもありうる。このような状況を改善するためには不要な業務の徹底した削減と合理化が必要である。教員が関係する業務については，事務職員から簡素化を提案しにくいものである。教員と事務職員の間で意見交換を行い，業務の簡素化は教員側から提案することが望まれる。時間外の会議については事務職員の同席あるいは待機の必要がないものに限定し，事務職員の時間外勤務の削減に努めるべきである。

教員の役割分担の柔軟化

　大学における教員の業務は教育，研究，行政に関するものに分類されるが，個別の業務は複数の分類に関わっており，必ずしも明確に分離できるものではない。講義は学部対象のものと大学院対象のものがあるが，学年の進行にともない研究との関連が強くなる。各種委員としての業務は委員会の種類により教育および研究への関連度が変化する。教員の役割分担の柔軟化を議論する場合，教育と研究は一体であるとの主張がなされるが，その程度は学部と大学院では異なっている。大学院学生の指導は研究の遂行と不可分であるが，学部学生の教育には先端分野の研究者を必ずしも必要としない。したがって，学部教育と大学院教育は別に考える必要がある。

　九州大学では，平成17年4月に総長の意向により複数の研究センターが創設された。農学研究院ではバイオアーキテクチャーセンターが新設され，研究中心の教員の雇用が行われた。また，各部局からシニア研究員およびジュニア研究員が各1名選抜され，より多くの時間を研究活動に費やすことができるよう，金銭的な支援が行われている。これは，研究に特化した教員の育成を意味する。これらの研究中心教員の採用あるいは支援に必要な資源は既存の教員の採用枠や研究経費から充当されたものではないが，このような特定業務に特化した教員を継続的に活用しようとすれば，教員の役割分担の柔軟化を行うことが望まれる。

　講義は，十分な準備時間が与えられればより充実した講義を行うことができる。また，講義担当年数が長くなるにつれて講義内容を充実させることが可能である。私は学部講義を毎年2科目，大学院講義を毎年1科目担当してきたが，30名を越える研究室配属学生の指導，種々の学内および学外業務をこなしながら講義内容の高度化を行うことはかなり困難である。学生の創造力を育成する

ため，レポートの提出，学生による講義と質疑応答，機能性食品設計演習などを実施しているが，レポートを添削する時間をとることができず，学生参加型双方向授業を高いレベルに引き上げることが困難な状況にある。講義もしくは研究のいずれかに重点を置くことができれば，どちらを選択した場合においてもより高度な内容を追求することが可能である。

私の場合，現状では研究より教育に，より強い関心を抱いている。このような教員に対しては本人の希望に基づき，教育中心の勤務形態を可能にすることが望まれる。教育中心の教員を作る上で大きな障害となっているのは，大学における業務評価である。大学の本務は教育であるが，教員の採用は主として研究業績に基づいて行われてきた。その結果，教員は研究業績により採用されたものと考え，教育を二義的な業務として軽視してきた傾向がある。教育中心の教員を創出するためには教育貢献に対する評価を向上させることが不可欠である。基本的には，教育，研究，行政は同一のレベルで評価されるべきであり，大学の基本業務である教育に関する貢献は最も高い評価を受けるべきである。

行政については，教育以上に適性に差がある。したがって，部局長などの指導的立場に立つことを望み，それに必要な能力を有する教員は少数にすぎない。しかしながら，行政的な業務は大学組織の効率的運営に不可欠のものであり，行政担当者の評価をより高めるとともに，業務を遂行するための支援を強化する必要がある。現在，部局長は研究室担当教授を併任しているが，その結果，研究指導も部局の運営も完全には行い難い状況となっている。部局長を研究院運営に専念させるためには，助手あるいは助教授クラスの研究者を追加配属するか，研究室担当を免除して行政専任にするかのいずれかの施策が必要であろう。また，部局長補佐体制の構築も重要であり，副研究院長や主要な委員会の委員長は行政専任者が務めるなどの改革が望まれる。このような行政専任者の配置を可能にするためにも，教員の業務分担の柔軟化が必要である。

部局の組織改革

大学院重点化などにおける研究室の新設あるいは定員削減の進行などにより助手不在の研究室が出現している。このような状況においては行政専任教員の配置は不可能である。また，研究中心の教員の採用も他の教員の負担増をもたらしうる。定員削減は今後も継続されるものであり，組織改革によるスリム化

を実施すべき時に来ている。

　スリム化の方策として，研究単位数の削減と研究単位の縮小が考えられる。研究単位数の削減は，九州大学農学研究院の場合，小講座（研究分野）数の削減になる。一方，研究単位の縮小は教授1名，助教授もしくは講師1名，助手1名の「トリオ制」を，教授もしくは助教授1名と助手1名の「ペア制」に切り替えることにより達成しうる。教授の定年退職や助教授・講師・助手の栄転などを機会に順次ペア制に切り替えることにより，助手不在の研究室を一掃することが研究分野の廃止を行うことなく可能となる。より積極的に改革を進めようとすれば，教員の希望により，一部の教授もしくは助教授が研究中心教員から教育あるいは行政中心教員に移行することにより，トリオ制からペア制への移行を促進することができる。これまで3名で運営してきた研究室を2名で運営するためには業務内容が同一のままでは負担を増すのみである。トリオ制からペア制への移行においては学生定員や事務処理方式など，教育・研究体制の見直しが必要である。

　九州大学農学研究院を例にとると，本研究院には約70の研究分野があり，約200名の教員が勤務している。定員削減の進行により，助手の配属ができない研究分野が現在10研究室程度ある。大学院重点化を行った大学では，先端的な教育研究を行うことが必要であるが，助手の不在は機能不全をもたらすので，

九州大学理系部局の人員構成（平成17年5月現在）

研究院	教員数	教授数	助教授（講師）数	助手数
理　学	178	57	55（1）	66
数理学	74	32	33（2）	10
医　学	231	74	85（26）	72
歯　学	87	19	20（2）	48
薬　学	54	17	17（1）	20
工　学	318	100	93（4）	125
芸術工学	94	41	38（2）	15
システム情報科学	107	35	38（1）	34
総合理工学	76	25	27（1）	24
農　学	195	64	71（2）	60

抜本的な組織改革が必要となる。農学研究院の場合，全ての研究分野がペア制に移行すれば，140名の教員で既存の講座に教授もしくは准教授と助教を配置した上で，60名前後の余裕が生じる。この中から講義や行政に専念する教員の雇用が可能となり，語学専任教員などの学生教育の高度化に必要な専門家を雇用することも可能となる。トリオ制からペア制への移行は一気に行う必要はない。教員の異動を機会に順次実施すればよく，当分２つのシステムを並行して動かせばよい。このような柔軟な対応を可能にするのが後述する教員運用の新制度である。

　このように２つのシステムを並行して動かす場合，研究分野が属する大講座や部門のサイズが小さすぎると教員の役割分担に不平等が生じやすい。そこで，大講座あるいは部門の単位をより大きなものとし，柔軟な対応を行うことができるよう改編すべきである。九州大学農学研究院は学部が４つのコースに分割されているが，研究院および学府は学部と異なる構成をとっており，８つの部門に分割されている。各コースに所属する研究分野の数に大きな開きはないが，各部門の研究分野数は５から13の開きがあり，助手の配属などにおいて不公平感を与えている。また，学部と大学院の組織が異なることが各研究分野の事務

大学の教員組織の新旧比較

	現行制度		新制度
教　授	必須。学生を教授し，その研究を指導し，又は研究に従事する。	教　授	必須。学生を教授し，その研究を指導し，又は研究に従事する。特に優れた知識，能力及び実績を有する者。
助教授	必須。教授の職務を助ける。	准教授	非必須。学生を教授し，その研究を指導し，又は研究に従事する。優れた知識，能力及び実績を有する者。
講　師	非必須。教授又は助教授に準ずる職務に従事する。	講　師	非必須。教授又は助教授に準ずる職務に従事する。
助　手	必須。教授及び助教授の職務を助ける。	助　教	非必須。学生を教授し，その研究を指導し，又は研究に従事する。知識，能力及び実績を有する者。
		新助手	非必須。所属組織の教育研究の円滑な実施に必要な業務を行う。

量を増大させており，研究分野に所属する学部学生と大学院学生の所属が異なることは一体感を損なう原因ともなっている。この組織変更は大学院重点化に際して行われたが，大学法人化に対応するためには組織の簡素化が必要であり，学府・研究院の組織を学部と一致させるか，1部門1コース制に改組することが望まれる。それによって，教員配置の自由度が拡大するとともに，事務の簡素化が可能となる。

　平成19年度に導入が予定されている教授もしくは准教授と助教を基本とした新制度は，ペア制の導入が容易な柔軟性の高い制度である。必須であるのは教授のみであり，個々の教員が独立して教育研究を行っている文系においても柔軟な組織の設計を可能にする点で評価できるシステムである。部局の事情に適合する組織を設定することが可能であるので，新制度を導入する場合は部局の自由度を高めることが望まれる。それによって，各部局は最も効率の高い組織設計を行うことが可能となる。

財務改革

　大学法人には運営費交付金が支給され，教育研究の原資となっているが，この交付金に占める人件費の比率は6割前後であり，財務の硬直化の原因となっている。また用途を指定された経費も多く，大学運営に必要な経費を差し引くと各部局に配分される教育研究費の額は運営費交付金の6％程度となる。部局では配分された運営費交付金の6割前後を電気代などの共通経費として使用するため，各研究分野に配分される経費は研究室を運営するには全く不十分なも

平成17年度九州大学収入予算額

項　目	金額（100万円）	比率（％）
運営費交付金	51,194	58.8
附属病院収入	24,586	28.3
授業料	9,144	10.5
入学料・検定料	1,709	2.0
雑収入	370	0.4
総　額	87,003	100.0

雑収入：職員宿舎貸付料，寄宿舎料，学校財産寄付料，農場及び演習林収入，刊行物等売払代，入試センター試験経費収入，講習料，弁償及び違約金，その他。

のとなる。

　研究費については年々競争的資金が増額されている。その結果，競争的資金を獲得できる研究分野は研究費の年度内執行に苦労する状況となり，獲得できなかった研究分野は研究費の不足により十分な研究活動ができなくなる。この状況では部局に配分された運営費交付金の有効活用について考える必要がある。

　運営費交付金は減額傾向にあり，増額されることは望めない。したがって，運営費交付金は主として教育費に充当し，研究費は外部資金を中心とする方向で考えざるを得ない。外部資金の獲得にあたっては，研究費申請を支援する体制を構築する必要があり，科学研究費，大型研究プロジェクトの採択率を上昇させるための支援が必要である。申請書作成を支援するシステムを構築し，採択可能性の高い申請書を作成するための指導，資料作成の支援，獲得した資金の運用支援などを可能にすることが望まれる。このようなシステムの構築には教員・事務員の業務および組織の簡素化，役割分担の変更などにより余剰人員を生み出す必要がある。

　外部資金の獲得については，受託研究や奨学寄付金システムの改善が求められる。奨学寄付金は，特定の研究者の研究を支援することを目的として企業な

平成17年度九州大学学内予算配分額

項　目	金額（100万円）	比率（％）
人件費	48,071	55.3
債務償還経費	4,946	5.7
事項指定経費	26,519	30.5
教育研究基盤校費・旅費	5,188	6.0
部局長裁量経費	200	0.2
戦略的研究教育推進経費	200	0.2
重点的研究教育基盤整備費	264	0.3
全学共通経費	543	0.6
図書館経費	477	0.5
予備費	595	0.7
総　額	87,003	100.0

事項指定経費：医療費（10,282百万円），附属施設経費（2,200百万円），特別教育研究経費（1,619百万円），総長裁量経費（584百万円）など。

どから寄付されるものであり，次年度に持越すことができる数少ない資金である。しかし，研究目的が十分に明示されていないことから，企業の権利化にはつながらない資金と考えられており，特許申請を可能にするためには受託研究として委託することが必要になっている。受託研究では研究目的，資金の用途などを明確にする必要があり，採択に必要な書類の作成が繁雑となり，採択までかなりの期間を要する。また，単年度決算が必要であるため，短い使用期間で執行する必要も生じる。複数の受託研究が年度末近くに使用可能となった場合，予算の執行に苦慮することが多い。

　研究は，直線的に進むものではなく，予想外の結果から重要な発見が生まれることが多い。資金の有効活用を図るためには，奨学寄付金により得られた結果に対して，ある程度の権利を主張可能にすることが望まれる。

　財務改革においては，自己収入の増加と経費の節減が主な方策となる。特許収入の増加については知財本部で対応しているが，出版活動による収益の確保はほとんど実施されていない。大学の資産の一つは情報であり，出版活動を通じた自己収入の確保を考える必要がある。その際，大学自身の事業として出版活動を行って収益が得られた場合，利益分の運営費交付金が減額され，経営努力が財務改善につながらない可能性がある。したがって，収益活動を行う場合にはその方式については工夫が必要である。

　収益活動を別組織に任せることが解決法の一つである。既存の組織では（株）産学連携機構九州や同窓会の利用が考えられるが，これらの組織も収益事業を行う上での制限を抱えていることは大学本体と同様である。そこで，大学運営の支援を目的としたベンチャービジネスの立上げを考えている。各種大学業務の委託を受けることにより大学業務の効率化に貢献することが可能であり，出版業務などの収益事業も自由に行うことができる。非常勤職員の雇用・

財務改革の方策例

| 1）収入増加：外部資金の導入，収益活動の強化（特許，出版），寄付金収入の増加など
| 2）経費節減：物品購入コストの削減，物品の共用，使用量の削減など
| 3）人件費削減：教職員の役割分担の柔軟化によるスリム化，平均年齢の低下，常勤と非常勤職員比率の適正化，他大学との業務提携による合理化など

派遣，委託業務の遂行は九州大学の事務的作業および研究室事務の合理化に大きく寄与することが期待される。大学業務の受託は正規職員の過剰残業の削減にも有効である。九州大学の退職教職員，卒業生を含む人材データベースの構築は特殊技能を有する人材の派遣業務を行うことを可能にする。非常勤講師の相互派遣は大学運営の効率化につながるので，九州大学が中心となって九州地区の大学の人材共有システムを構築すべきである。出版活動を行う場合，九州地区の大学で共同して教科書を作成し，各大学で教科書として採用すれば容易に出版に結びつけることができよう。

　運営費交付金の削減につながらない収入は寄付金の確保である。九州大学では100周年記念事業を控えており，寄付金収入の確保は重要な課題となっている。現役教職員，卒業生，父兄，関係企業などに寄付依頼を行うことになるが，大学が寄付に値する活動を行っていなければ十分な寄付を得ることはできないであろう。教育および研究の質の高さが寄付金収入を上げるために必要であるが，実際に大学の実績を寄付行為に結びつけるためには十分な広報活動が必要である。大学からの積極的な情報発信による大学の評価を上げることが必要である。

　収益の増加には地道な努力が必要であり，国立大学法人では財務改善への寄与度は大きなものとはなりえない可能性が強い。業務の見直し，合理化による経費節減はより短期的に達成可能な財務改善手法であり，真剣に考える必要がある。法人化された大学にとって不可欠な業務を達成するための組織と実施体制を構築することが必要である。不要な業務の廃止，重要性の低い業務の委託などにより，重要業務を高いレベルで達成する能力をつけるべきである。大学の業務の円滑な遂行には有能な人材を確保することが重要である。人件費の削減は最後の手段と考えるべきであり，業務内容の合理化および適材適所の人材活用を通じて，より低いコストでより高いレベルの教育研究を実施可能にすべきである。

自己資金の確保

　財務体質の改善には資金の有効利用のみでは不十分であり，自己資金の獲得が重要となる。外部資金の獲得は大きな財源となっており，九州大学では知財本部が外部資金獲得に支援を行っている。また，研究成果の特許化は大学の財

務を改善させることが期待されているが，ホームラン特許が出ない限り大きな貢献は期待できない。これらの自己資金獲得策は今後も拡充していくことが望まれるが，他の分野においても自己資金の獲得を図る必要がある。

　大学の本務は人材育成であり，将来を担う学生の教育が最大の業務である。第２の重要業務である研究においては，社会活動に寄与しうる種々の情報が生産され，社会貢献，国際貢献に利用されている。これらの業務はいずれも情報に関わるものであり，高い付加価値を有する知的産業となりうる。しかし，大学が保有する情報の資金化は全く不十分である。

　その原因の一つに広報活動が十分でないことがあげられる。教員の研究活動については，個人情報データベースがホームページ（HP）上に公開され，知財本部でも広報に務めているが，利用しやすい形で情報が公開されているとはいえない。インターネット上で獲得できる情報は入力が確保されれば最新の情報となりうるが，情報スペースが限られており，詳細情報の掲示は期待できない。また，情報の比較も容易ではなく，関連情報の取得はよく整理されたHPでなければ困難である。

　ここに活字情報の価値が存在する。九州大学農学研究院では２年ごとに「教育・研究年報」を作成してきた。この年報は各研究分野の２年間の活動をまとめたものであり，共同研究相手を探す企業や大学院進学先を探す学生にとっては重要な情報源となりうる。しかし，年報の配布先は教員が中心であり，情報公開を意図したものではないので，貴重な情報が活用されない状況にある。今年度から教育・研究年報を毎年作成することとなったが，年報を市販可能とすることにより作成費の一部を賄うことが可能である。同様に，学内向けに作成されている情報の多くは卒業生だけでなく，一般社会にも十分な価値を有するものが多い。大学に眠っている情報に付加価値を与えることは，大学の運営に寄与する自己資金の獲得を可能にする。

情報発信能力の強化

　九州大学がCOE (Center of Excellence) としての位置を確立するためには情報発信能力を強化し，そのブランド力を周知する必要がある。大学活動に関する情報の公開はすでに義務付けられており，各種情報の開示が求められている。大学情報の公開では，大学に不利益をもたらす情報の公開も求められており，

大学内で発生した不祥事に関する情報も個人情報を保護した上で全てマスコミに公開されるものと考える必要がある。

　大学の強み，特徴を現す情報は積極的に開示し，広報に努める必要がある。広報力の強化は大学の評価を高め，優秀な学生の応募，外部資金の獲得に大きく寄与する。したがって，特徴ある教育研究活動の公開を支援することは大学本部の重要な業務の一つである。現場で教育研究を担当する教員は，その業績を社会に認知させるための作業を積極的に行う必要があり，そのような努力を公平に評価するシステムを構築することが望まれる。

　大学には多くの価値ある情報が活用されることなく眠っている。多くの教員は自分自身を研究者と考えており，学生および社会にとって重要な知識を有する知識人であることを意識しない場合が多い。したがって，豊富な知識は主として研究目標の達成に投入され，その一部が学生の指導に利用されるが，一般社会への貢献には利用されない場合が多い。教科書執筆，一般向けの書物の執筆，公開講座や市民対象の講演会などへの参加，行政や企業への指導的業務などにもその能力に応じて時間を使っていただきたいと考えている。

出版活動の推進

　大学の講義では教科書を用いることが多いが，教員自身が作成した教科書を用いて講義が行われる例は少ない。自分で作成した教科書を用いることにより，最も高い教育効果を得ることができるが，教科書の出版および改訂を自由に行えないことが教科書作成の意欲を損なわせている。教科書出版を困難にする原因の一つに学生の活字離れがあり，販売部数を確保することが困難であることが出版社の活動を制約している。出版が可能となっても十分な販売量が確保できなければ改訂は不可能であり，最新の情報で講義を行うことができない。この問題を解決するためには，質の良い教科書を作成することと教科書作成コストを削減することが必要になる。

　大学における講義は専門分野の知識を獲得する出発段階であり，最終段階ではない。したがって，講義を受けただけでは知識を定着させ，応用可能にすることは困難である。しかしながら，大学で受けた講義は，卒業後に現場でその知識が必要となった場合に，その価値を現す。すなわち，聞いたことのある内容については更なる勉学が可能となるが，全く聞いたことのない内容について

は必要な情報の獲得にかなりの努力が必要となる．したがって，講義に使用する教科書は卒業後に役に立つものとして作成することが重要である．専門分野の基礎知識を必要十分量記載するとともに，学生にとって興味の持てる内容とすることが学問分野に対する興味を抱かせ，積極的に勉学に励む姿勢を育むことができる．質の良い教科書は講義に出席する学生だけでなく，一般の学生も購入するものである．

　教科書作成コストを削減するためには電子情報の活用が不可欠となる．ワードプロセッサーの普及および高度化は使用に耐える原稿の作成を執筆者レベルで行うことを可能にする．執筆者，出版社，印刷会社がソフトを統一することにより必要最小限の手直しで書籍を出版することが可能となり，改訂に必要な労力およびコストを削減することができる．このコスト削減は中央の出版社においても可能であるが，多様な執筆者を相手にする大手出版社では，個別の対応が困難となる．したがって，出版コストの削減は中小の地方出版社との提携が有利である．

　地方出版社の育成を目的として，一般の学生を対象とした『大学でどう学ぶのか』（海鳥社）を出版したが，この企画は中央の大手出版社では採用が困難であった．次の段階として，現在使用している教科書の改訂版を地方出版社から出版したが，その過程を通じて学術書の出版経験を付与し，地方出版社を大学のスポークスマンとして育成することを試みた．

　学部講義では毎年数十名から百名程度の学生に講義するにすぎないが，低年次対象の講義では数百名の学生を対象にする場合がある．専門書の出版は500部程度を単位とすることが多いが，受講学生数が多い講義ではかなり頻繁に改訂することが可能である．さらに，一般学生向けの書籍ではより多くの販売部数を確保することが可能であり，十分な経済的価値を付与することができる．学生生活に密着した情報書は学生生活に有用であり，学生生活の充実につながることから積極的な出版が望まれる．

　九州地区の大学が共同して運営している組織に九州大学出版会がある．本出版会には編集能力がないため，執筆者が完成原稿を作成する必要があり，その出版活動が制限されている．しかし，完成原稿の印刷・製本および販売に特化した本出版会は民間の出版社とは異なる価値を有している．すなわち，完成原稿を用意すれば低コストでの出版が可能であり，執筆者側が完成原稿を保有し

ているので十分な販売量が確保された場合には容易に改訂版を出版することができる。各大学が編集室あるいは編集部を設置し，教員が作成した原稿を編集して完成原稿を作成することができれば，教員の労力を大きく削減することができる。この完成原稿を教員と共有することにより内容の改訂を常時行うことが可能となる。編集室経費は著作権料の一部を大学が徴収することにより賄うことが可能である。

　九州大学出版会を通じて出版可能な例として，各部局で作成している年次報告書がある。各教員が作成した業績一覧を部局でとりまとめて作成し，各教員に配布しているものである。教員は自分の業績に関する記録は自分で作成しており，この報告書を開くことはほとんどない。また，他の研究者の業績を調べる必要性を感じることもほとんどない。したがって，年次報告書の活用の場はほとんどないことになる。しかし，このような情報は研究室情報を求めている学生や企業にとっては大きな価値がある。教員業績データベースやホームページを利用して主要なデータは獲得することができるが，研究室データを部局単位でまとめた書籍はインターネット情報とは異なる活用法がある。印刷に必要な経費は必要部数の買い取りにより回収し，余分に作成した書籍を定価販売することにより，九州大学出版会は安定した収入を獲得することが可能であり，部局は著作権料収入を得ることが可能となる。同様の出版形式は各種報告書，資料についても採用することが可能である。

同窓会および後援会活動の活性化

　九州大学では学部あるいは学科単位で同窓会活動が行われており，大学全体での同窓会活動は低調である。小単位での同窓会活動においても会費の納入率の低下に悩まされている。また，九州大学では学生後援会が設立され，在学中の学生に対する支援も行われているが，その加入率も期待したほど高くはない。

　その原因の一つに，同窓会および学生後援会において会費を払うに値する活動が行われていないことがある。近年の個人情報の悪用は同窓会名簿の発行を困難にしており，個人情報の連絡頻度の低下も問題となっている。このような状況では書籍としての同窓会名簿の発行は中止せざるを得ず，同窓会活動の抜本的見直しが必要となっている。

　同窓会活動を継続するためには，卒業生が求めるサービスが何であるかを明

らかにし，必要なサービスをより低コストで実現することが必要である。サービスの低コスト化についてはインターネットの活用が有効であり，必要な情報を限定して個人向けに発信するシステムを構築することが望まれる。個人情報の入力はネット上で行うこととし，情報収集コストを削減することが望まれる。その際，情報の漏洩を防ぐ安全策の構築が不可欠である。情報の利用は，利用権を有するユーザーに限定することとし，同窓会費を情報取得権として徴収可能にすることが同窓会活動の安定化につながる。ネット接続が不可能な会員については別途郵送での情報送付を可能にし，それぞれの作業を有料化することで無駄なコストを削減することが可能である。

学生後援会については学生生活を支援するための情報の開示を進めることが必要である。学生生活マニュアルを作成し，会員の学生および保護者に無料配布もしくは割引配布することにより学生生活の円滑化を図るとともに，入会率の向上を図ることができる。在学中に十分な支援を受けたことを実感できれば同窓会への参加率の向上が期待できる。このような学生向け書籍は非会員，他大学学生，大学入学を目指す高校生にも価値あるものであり，書籍の販売により財務体質の改善を図ることができる。

このような実質的なサービスの充実は卒業生の帰属意識を向上させ，寄付金の獲得を容易にすることが期待される。欧米の大学では収入の多くを卒業生および一般社会からの寄付に依存しており，大学のサービスを向上させることは寄付金獲得額の増加につながる。したがって，卒業生および一般社会を対象とした各種書籍の出版は大学の存在価値を高めるものであり，高度な情報を発信できる大学に進化すべきである。

教育の高度化

大学の本務は教育であり，教育の高度化には格別の努力が必要である。高校以下の教育組織では，教員として勤務するためには資格が必要であり，教職課程で訓練を受ける必要がある。大学教員はその必要がなく，教育訓練を受けることなく教壇に立っている。大学内ではファカルティーデベロップメントによる教育関連情報の獲得が可能であるが，教育訓練はほとんど行われておらず，個々の教員が独自の手法で教育を実施している。そのため，学生の資質や希望を反映しない形で教育が行われている場合がある。

教育現場の状況を悪化させる原因の一つに，教員の選考が研究業績を中心に行われることがあげられる。その結果，教員は研究を主業務として採用されたものと考え，講義や研究室での学生教育をおろそかにする傾向がある。欧米では，講義担当教員と研究担当教員が区別されており，異なる基準で採用が行われている。大学がマスプロ化し，学生の資質や希望が多様化している状況では講義専任教員を雇用し，講義内容の高度化を図る必要がある。それによって研究担当教員の講義負担が軽減され，より高度な研究に邁進することが可能となる。

　しかし，教員の業績が研究業績を中心に評価される現状では講義専任教員の雇用は困難である。したがって，教員の個人評価システムを改め，教育および行政への貢献度を正しく評価する必要がある。このような質の異なる業務に対する評価を公平に行うためにはそれなりの対策が必要となる。基本的には教育，研究，行政への寄与度が等しく評価されることが望ましい。教員が担当する業務を数値化するためには各教務を達成するために必要な平均時間を設定することが有効である。講義に必要な時間，学生指導に必要な時間，行政事務に必要な時間を実情に応じて設定し，その総和を大学業務貢献時間とすることができる。この平均時間の設定は部局，部門により異なることが予想されるので，それぞれ決定することが必要である。

　しかしながら，このような個人評価に過剰な時間を費やすことは，教職員の業務をさらに増加させることにつながり，評価疲れの原因となる。評価に用いる情報は担当科目数，受講者数，担当学生数など，事務部で把握可能なものに限定し，別途調査の必要がない形で行うことが望まれる。

　教育面での評価に学生の授業評価は大きな意味を有する。学生の授業評価は

大学の教育研究システムの問題点

1）**業務の均等分担**：教育・研究・行政を均等に分担するとの建前。実態は一部の教員に負担が集中し，高いレベルでの業務遂行が困難。
2）**組織化の不足**：九州大学の理系部局では大講座制をとっているが，実質的には小講座制を維持。研究分野の独立性が強いため，組織的な対応が遅い。
3）**業績評価システムの不在**：業績と評価・待遇の不一致。インセンティブの不足。
4）**コスト意識の欠如**：無駄な努力やコストの投入。資材分配の非効率性。

講義に対する教員の熱意を図る上で重要であり，教育効果の判定に有効である。しかしながら，学生の授業評価のみに依存することは好ましくない。大学のカリキュラムは必ずしも学生の嗜好と一致するものではなく，学生の総合力を高めるために作成されるものである。したがって，学生に人気のない講義が必ずしも質の低いものではなく，人気のある講義が必ずしも質が高いとは限らない。目的に沿った講義が行われているか否かについての教員相互の評価を加味することが重要である。

入学試験の成績と大学での成績には相関がないこと，低年次の成績は卒業時の成績と相関することが明らかにされている。これは低年次教育の重要性を示すものであり，低年次教育を担当する教員にはより高い資質が必要である。入学後早い時期に学問への興味を抱いた学生は卒業まで勉学意欲を継続し，自立した学生として卒業していく。その意味では講義の重要性は非常に高いものであり，教育の高度化は大学評価を大きく高めることになる。したがって，低年次教育担当教員にはより高い評価を行い，教育能力の高い教員に講義を担当させるシステムを構築することが望まれる。

教育能力の向上には教員の努力が必要である。学生教育に関する勉強会の開催，教員同士の情報交換による講義内容の高度化を日常的に実施することが必要である。教員の多くは教育訓練を受けていないにも関わらず，かなり高度の教育能力を有している。適切な教育訓練を実施することにより，教員の教育能力はさらに向上することが期待される。

カリキュラムの見直し

カリキュラムの改訂については部局代表教員による審議が行われている。学部および大学院の講義については担当部門による改訂が中心であり，全体の調整が十分に行われていない場合が多い。その結果，講義の名称変更および新設が中心となり，教員の講義負担の増加をもたらすことが多い。大学業務を高度化するためには重要性の低い業務の削減が必要であり，重要度の低い講義の廃止や重複した講義の統合が必要である。それによって教員の講義負担が軽減され，講義内容の高度化のみならず，研究活動の活性化を促すことができる。受講者数の少ない講義は重要性が非常に高いものを除き廃止すべきである。また，統合できるものは統合してコマ数を減らすことが必要である。

コマ数の減少は教員の業務削減につながるが，大学の財務体質の改善にはつながらない．それは，大学業務に対する教員の貢献度が設定されていないことによる．教員はそれぞれ貴重な時間を費やして大学運営に貢献しているが，その作業は教員の処遇に必ずしも反映されていない．講義担当教員の作業が給与に確実に反映される場合，講義の質を高めることにより，その講義を継続して担当可能とするための改善を行うことが期待される．教員の努力を正しく評価するシステムの構築が喫緊の課題である．

　講義の内容は学年が上がるにつれて専門的となり，狭い内容に特化していくことが通例である．若手教員は最新の事実に通暁しており，大学院の専門領域に関する指導において高い能力を有する．一方，経験を積んだ教員は知識の幅が広く，多様な学生と接した経験を有するため，基礎的な講義において高い能力を有することが多い．したがって，講義の担当は年齢および経験を考慮して決定する必要がある．すなわち，教授は学部講義を主として担当し，助教授は大学院の講義を主として担当することが適切と考えている．低年次教育を担当する教員は，教授のなかでも教育評価の高い教員が担当することが優秀な学生を所属部門に惹き付ける道である．

　九州大学では退職して3年以内の教員に低年次学生対象の少人数講義をお願いしている．しかし，低年次学生に学問分野への興味を抱かせ，勉学の目的を認識させるための少人数講義は現職の教員が担当すべきである．むしろ，退職した教員には手慣れた学部講義を数年間継続していただき，現職教員の講義負担の軽減に寄与してほしいと考えている．

　講義は学生と接する重要な機会であり，教員の成長に大きく寄与するものである．また，学問分野への熱意を伝えることにより後継者を育成する重要な機会でもある．したがって，研究中心教員にも何らかの形で講義の機会を与えるべきである．九州大学農学研究院には大学院専担講座が複数存在するが，必ずしも学部学生に対する講義の機会が与えられておらず，大学院学生の募集に困難を感じている分野がある．研究中心の教員については必ずしも毎週講義を割り当てる必要はなく，休日や長期休暇の際に実施される集中講義を担当することにより，学部学生と接する機会を与えるべきであろう．このような休日における講義の実施は大学施設の有効利用にもつながる．

施設の有効利用

　大学は週休2日制となっており，講義室の休日使用は限られたものとなっている。大学の業務の一つに社会貢献があげられるが，大学施設を利用した講演会，公開講座の開催は施設の有効利用を可能にするとともに，大学への親近感を高めることができる。大学施設の休日利用を阻害する要因に職員の休日出勤が必要となることがあるが，非常勤職員を雇用することによりこの難点を解消することができる。施設使用料および受講料を徴収することにより，出費を上まわる収入を得ることが期待できる。大学の運営には多くの非常勤職員が参加しているが，その任用期限は限られている。また，退職した職員を雇用することも可能であろう。このような休日出勤可能な人材を登録しておくことにより，現職の職員をわずらわせることなく，大学施設の休日利用が可能となろう。

　大学の図書館は多様な情報を集積しており，一般市民にとっても活用したい施設である。すでに図書館の時間外開館，休日開館が行われており，学生，教員に便宜が図られているが，市民への開放も促進すべきである。施設整備を目的とした入館料を徴収して一般市民の利用を図ることは現状でも実施可能であろう。

　大学の研究施設の開放は地場企業の研究開発支援に大きく貢献することができる。大企業と異なり，地場企業は小規模であり，独力で研究開発を行う能力が低い。したがって，地場企業の活性化を行うためには大学および地方公共団体の支援が必要となる。中小企業は，自前で研究室あるいは研究所を運営するのではなく，大学を必要に応じて研究室として利用することが研究・開発コストの削減を可能にする。これを可能にするためには大学の受入態勢の整備が必要である。大学の研究施設の企業研究員による利用を容易にすることは，施設利用料の徴収を通じて大学施設の利用度を高めることにつながる。

人材の有効利用

　大学を退職した教職員や卒業生のなかには十分な技能と自由時間を有する人材が存在する。このような人材は，大学運営および社会貢献に重要な戦力となりうる。学内あるいは学外に人材派遣システムを構築し，活用することが重要である。

学生数の減少は大学間の競争を激化させ，中小の大学では常勤職員の雇用が困難となっている。多くの大学では非常勤講師の需要が大きく，九州大学でも多くの教員や大学院生が非常勤講師として周辺の大学の運営に寄与している。大学院生の，非常勤講師としての勤務は，学生の教育能力の向上に寄与し，学生生活に必要な資金を調達することもできるので，大きなメリットがあるが，必ずしも手近に紹介可能な人材がいるとは限らない。また，博士号取得後希望するポストを得ることができず，何らかの収入を必要とする研究者も存在する。このような高度技能者に活躍の場を与えるため，人材データベースの構築が望まれる。

　大学で高度な訓練を受けた技能者は非常勤講師のみならず，研究補助員として大学や企業での需要がある。フルタイム職員として勤務することは不可能であるが，パートタイム職員としての勤務が可能である場合も多く，その活用が望まれる。大学業務においても業務量の季節変動があり，繁忙期における業務補助は大学運営のスリム化に寄与する。各地の基幹大学は他大学の業務支援，地域振興を目的とした人材派遣システムの構築に寄与することが望まれる。

　地方においては高度技能者を採用しうるポストが少なく，中央への人材流出が問題となっている。とくに博士号取得者の地元での採用は困難である。地場の研究開発能力を向上させるためには優秀な人材の確保が必要であるが，地元企業の採用枠は限られたものであり，大学あるいは地方公共団体によるポストの創設が必要となる。九州大学においても大型プロジェクトを獲得した場合ポストドクトラルフェロー（PD）の採用が可能となり，かなりの数の博士号取得者が研究に従事しているが，希望する学生のすべてを受け入れるには程遠い状況にある。

　そこで，企業版PDを創設し，地場企業に学生を契約社員として採用してもらい，受託研究員として派遣してもらうことにより企業の研究開発に従事してもらった。この学生が大学にポストを得た場合は円満退社させていただくことを条件に採用してもらったが，2年間の活動で多くの論文を作成し，特許を取得することもでき，十分な成果を上げた後，国立大学の助手に採用された。しかし，この方式を希望する博士課程学生はほとんど存在せず，第2の事例はまだない状況にある。

　より効果的なポストの創設は，大学への寄付金による研究員の雇用であり，

それによって大学職員として研究教育活動に従事することが可能になる。このような職種の創設を提案した結果，九州大学では目的を特定した寄付金（奨学寄付金）により研究員を雇用することが可能となった。これは，研究員の給与を特定研究室に寄付することにより，企業が希望する研究室で人材を雇用し，研究開発に従事させることが可能となったことを意味する。前述の企業版PDと異なり，大学職員として雇用するため，活動の範囲が拡大したこと，受託研究費を拠出する必要がないことが利点である。

九州大学の将来像

大学の改革案を策定するためには将来像を明確にすることが重要である。大学の法人評価においても大学の将来像に基づいて作成された中期目標・中期計画により評価が行われる。認証評価においても大学の特徴を伸ばす形で評価が行われるので，各大学はその将来像を明確にする必要がある。大学の理想像については大学による差はあまりないと思われるが，達成の実現可能性を加味するとかなり異なるものとなりうる。すべての業務を最高のレベルで達成することは不可能であり，大学が置かれた状況により実現可能性の高い目標を選択して大学の個性を示す必要が生じるからである。ここでは，将来像を考える上での例として，私の九州大学将来像について述べる。

九州地区は，関東，関西地区とは異なり各種産業の集積度が低く，近傍に高度な研究開発能力を有する大企業が少ない。したがって，九州大学も多くの卒業生を中央の企業に供給する人材供給大学として機能しており，九州内では高度な知識と技能を必要とするポストが少ないのが現状である。九州地区に研究開発能力を付与するためには他地区にはないシーズを持つ必要がある。このような独創的なシーズは中央追従型の思考法からは生まれてこない。世界に通用する独自の技術を開発するためには，中央追随型では無理であり，世界に通用する九州地方大学として独創性を伸ばしたいと考えている。

このような文化を作るためには，教職員の意識を変える必要がある。九州で一番の大学で満足するのではなく，この分野では世界一でありたいとの考え方が必要となる。独創的な研究や取組みに積極的な支援を行うことが九州大学の浮揚に不可欠である。

教職員の意識改革は学生教育に直結するものである。自分自身の個性を尊重

する教職員が学生の個性発現を妨げることは考えられない。そのような教職員は，伸びようとする学生の意欲を尊重し，多彩な学生の欲求に対応する教育プログラムの確立および運営に協力することは確実であろう。このような環境下では，学生は自ら選択した課題に積極的に挑戦することが可能となり，学生が輝く大学を実現することができよう。

学生，教職員がその個性を尊重される形で大学生活を送ることができ，世界的な評価を得ることができれば，九州大学に在籍することを誇りに思うことができ，日常的な活動をさらに活性化させることになる。在学中に在籍する喜びを感じることのできない大学に対して学生が忠誠心を抱くことは期待できない。同窓会への実質的な参加率を高めるためには，大学の活性および社会的評価を高めることが必要である。

地方に位置する大学としては，地域貢献は大きな課題である。研究開発能力を有する大企業が少ない状況下では，地域の中小企業の技術開発能力の育成に貢献することが必要となる。地方公共団体と共同して地域の研究開発能力向上の牽引役として機能すべきである。中小企業には，九州大学は敷居が高いという思いがある。九州大学のシーズ発表会などに参加すると，主催者である大学側が一段高い立場から情報を伝達しようとしている雰囲気があり，共同研究の成立に大きく寄与する懇親会に中小企業関係者が出席しづらい状況が見受けられた。近傍に大企業が少ない九州大学としては，地方の企業が出入りしやすい環境を整備することが必要である。

私の九州大学将来像

将来像	具体策
世界に通用する九州地方大学	高度かつ個性的な教育・研究システムの構築（教育・研究分担の見直し，研究中心組織の構築）
学生が輝く大学	多様な学生の要求に対応する柔軟な教育プログラムの構築（固定した学科制から選択可能なプログラム制へ）
教職員が誇りを持てる大学	教職員の大学貢献度を正しく評価し，それに報いることのできるシステムの構築
地域の中心として機能する大学	九州地区の大学の中枢的機能を遂行するシステムの構築（情報集積・発信機能の充実，共同利用研究施設の整備，教員・学生交流システムの構築，地域社会対応プログラムの充実など）

上記の将来像を達成するために何が必要であろうか．具体策のない提案は絵に描いた餅にすぎず，議論するのは時間の無駄である．対案のない批判的意見ほど改革の進行を妨げるものはない．本書では，さまざまな問題点を解決するためのオプションをできる限り多く記載し，各組織が実情を反映した形で改革を行うための情報を与えることを心がけた．現状の改革を目指す場合，注意すべきことは全てを同時にやるべきではないということである．多くの改革を同時に実行しようとすると個々の改革の達成度が低くなり，評価されなくなる．達成すべき目標を重要性が高く，実現可能性の高いものに絞り込み，質の高い成果を上げるべきである．いわゆる「選択と集中」が成功の秘訣となる．
　これは，総合大学が内容の異なる部局の集合体であることとも関係している．大学の教育研究は，それぞれの部局の個性を尊重して実施させることにより独創的かつ質の高い成果を得ることができる．各部局の得意分野を選択させ，選ばれた領域で高度な成果を達成させる自由度を与えることが不可欠である．

第2章 大学における評価とその活用

法人評価

　平成16年4月に九州大学は法人化され，国立大学法人となった。それにともない，中期目標・中期計画の作成が義務付けられ，それに沿った年度計画の作成および年度評価が行われている。現在の中期目標・中期計画はいずれの大学も初めて作成したものであり，現実から遊離した内容も書込まれているため，その実行に苦慮している部分があることは事実である。しかし，中期目標・中期計画を作成することにより大学運営の方向性を論じることが可能になったことは評価すべきであり，次の中期目標・中期計画を実態に即したものにするため，中期計画の達成に全力を注ぐことが必要である。

　平成16年度の年度評価では大学の教育研究などの質の向上については評価が

国立大学法人化により実施が義務付けられた項目

> 1) 大学ごとに法人化し，自律的な運営を確保すること。
> 2) 民間的発想のマネジメントを導入すること。
> 3) 学外者の参画による運営システムを制度化すること。
> 4) 非公務員型による弾力的な人事システムに移行すること。
> 5) 第三者評価の導入による事後チェック方式に移行すること。

年度計画と年度評価

> 1) **年度計画**：国立大学法人が社会に対してその行動計画を示した公約。運営費交付金割当ての根拠となる。中期目標・中期計画に沿って年度計画を作成する。
> 2) **年度評価**：各年度に実績報告書を作成し，年度計画の進捗状況を報告する。年度計画の達成状況は，Ⅰ) 年度計画を実施していない，Ⅱ) 年度計画を十分に実施できていない，Ⅲ) 年度計画を順調に実施している，Ⅳ) 年度計画を上まわって実施している，の4段階評価を受ける。すべてⅢまたはⅣの場合「計画通り進んでいる」，評価委員会が特に認める場合「特筆すべき進行状況にある」と評価される。ⅢまたはⅣが90％以上は「概ね計画通りに進んでいる」，90％以下は「やや遅れている」，評価委員会が特に認める場合「重大な改善事項がある」と判断される。

行われず，業務運営の改善・効率化と自己点検・評価および情報提供が特筆すべき進行状況にあるとしてSAの評価を受けた。また，財務内容の改善はA評価，その他業務運営に関する重要事項はB評価であったが，最終年度評価においては全てA以上の評価を受けること，SA評価を増やすことが重点的な支援を獲得する道である。

この年度評価では，特筆すべき状況にあるプラス評価と実施が遅れているマイナス評価も公開された。プラス評価を受けたのは，「4＋2＋4アクションプラン」，「5S運動」による教職員の意識改革，戦略的教育研究拠点形成と「スーパースター支援プログラム」，「教員業績データシステム」である。これらのプラス評価を受けた4つの項目のうち，最初の3つは総長のリーダーシップにより行われたものであり，最後の教員業績データシステムは法人化以前から実施していた施策が評価されたものである。大学の教育研究システムの改善が全学的に検討され，部局発信の改革がプラス評価を受けるようになることが大学活性化の道である。

一方，マイナス評価を受けたのは正式な評価が行われなかった教育分野であり，教育の取組み体制の改善が求められている。教育システムの改善は現場を

平成16年度の九州大学法人評価結果

○全体評価
　1）大学の教育研究等の質の向上（未実施）
　2）業務運営の改善および効率化（SA）
　3）財務内容の改善（A）
　4）自己点検・評価および情報提供（SA）
　5）その他業務運営に関する重要事項（B）
SA：特筆すべき進行状況にある，A：計画通りに進んでいる，B：概ね計画通りに進んでいる。
○プラス評価
　1）独自の「4＋2＋4アクションプラン」による大学の重点分野，将来構想に対する支援策の明確化
　2）「5S運動」による職員の意識改革
　3）戦略的教育研究拠点形成とスーパースター支援プログラム
　4）教員業績データシステム
○マイナス評価
　1）教育に対する取組み体制の改善が必要

担当する部局の活性化が不可欠であり，学部および学府の教育方針に沿った形で教育プログラムを改善することが必要である．したがって，部局の個性を尊重することが不可欠であり，単なるトップダウンでは教育改革は実施できないと考えている．改革の方向性，とることのできるオプションは大学の方針として提示する必要があるが，その実施については部局の自由度を保証することが実態に即した教育システムの改善に不可欠である．

中期目標・中期計画は部局が作成したものをとりまとめて大学が提出する．しかし，審査を受けるのは大学であり，部局ではない．大学として掲げた目標および計画は部局の活動に基づいたものではあるが，全部局で達成可能なもの

「九州大学4＋4＋2アクションプラン」と「5S運動」

> 使命・活動分野（4）：教育，研究，社会貢献，国際貢献
> 将来構想の方向（2）：新科学領域への展開，アジア指向
> 評価による支援（4）：戦略的研究費の確保，研究スペースの整備，人的資源の重点配置，教育・研究時間の確保
> 5S運動：責任，スピード，専門性，先見性，信頼性

九州大学の研究スーパースター支援プログラム

> 1）21世紀COEプログラム拠点リーダー
> 2）研究拠点リーダー（シニア研究者）：45歳以上の教授で，世界的に評価され，各研究領域のリーダーであること．
> 3）若手研究リーダー（ジュニア研究者）：45歳以下の教員で，過去3年間に高い活性を有し，将来の日本，九大で各研究領域のリーダー候補として期待されていること．
> 4）女性研究リーダー：優秀な女性研究者

教育研究の戦略的研究拠点

> 総長裁量経費で人員を確保し，戦略的研究組織を設置．研究費は各拠点および関連部局で確保．
> 1）未来化学創造センター
> 2）システムLSI研究センター
> 3）バイオアーキテクチャーセンター
> 4）アジア総合政策センター
> 5）デジタルメディシン・イニシアティブ

ばかりではなく，部局によっては目標達成の方策が中期計画に記載された方策とは異なる場合も生じうる．すなわち，中期目標の達成が部局の実情に即した形で実行されればよいのであり，大学の中期計画を忠実に実行すべきものではないことを認識すべきである．中期目標・中期計画の概念を超える特筆すべき進展を示すことがより重要である．

現在，平成18年度の中期計画の作成が終わりつつある．平成18年度からは検討中との記載は許されず，何らかのアクションが必要となっている．次期中期目標の作成を考慮すると，平成20年度終了時には現在の中期目標・中期計画の達成に目処が立っている必要がある．達成度の評価には根拠資料の作成が必要であり，中期計画の達成状況を示す根拠資料を毎年作成し，その進展状況を明らかにする必要がある．各年度の中期目標の設定も，根拠資料を示すことのできる具体的な施策を取上げることが必要である．このような根拠資料は教育研究の質に関する評価が行われる認証評価においても有効であり，法人評価における年度評価の充実は認証評価に向けての準備を進めることになる．

認証評価

大学では機関別に認証評価が行われる．認証評価機関は文部科学大臣が認可した機関の中から選ぶことになるが，九州大学は（独）大学評価・学位授与機構を選択する可能性が高い．本機構は，大学，短期大学，高等専門学校，法科大学院の評価を担当している．

評価基準は確定するには至っていないが，1）大学の目的，2）教育研究組織（実施体制），3）教員および教育支援者，4）学生の受入，5）教育内容および方法，6）教育の成果，7）学生支援等，8）設備施設，9）教育の質の向上および改善のためのシステム，10）財務，11）管理運営があげられている．また，選択的評価基準として，1）研究活動の状況，2）正規課程の学生以外に対する教育サービスの状況があげられている．これらの基準のうち，多くの項目で各部局における取組みの評価が行われるので，部局ごとに根拠資料を作成する必要がある．

認証評価の内容はまだ確定されていないが，（財）大学基準協会が一部の大学に対して実施し，改善勧告を行っている．これらの実績に基づいて（独）大学評価・学位授与機構の実施方式の修正が行われると思われるが，現在の実施

認証評価の目的

1）大学の教育研究活動の質を保証すること。
2）評価結果をフィードバックすることにより，各大学の教育研究活動の改善に役立てること。
3）大学の教育研究活動などの状況について，社会に対し説明責任を果たし，広く国民の理解と指示が得られるよう支援・促進すること。

大学評価・学位授与機構による評価とその基本方針

1）教育を中心とした総合評価
2）国際通用力を重視する評価
3）大学の個性伸長と自己改革を促す評価
4）社会の理解を深める評価
○認証評価の基本方針
1）大学評価基準に基づく評価
2）教育活動を中心とした評価
3）各大学の個性の伸長に資する評価
4）自己評価に基づく評価
5）ピア・レビューを中心とした評価
6）透明性の高い開かれた評価

案は全て実行されるものと考えて準備を行う必要がある。これまでの流れでは，認証評価の評価項目は法人評価の評価項目と重複するものが増加しており，適切な年度計画の実行は認証評価においても高い評価を得ることを可能にするものと思われる。

各種評価への対応

　大学にとっての初めての試みでもあり，法人評価への対応では大学は大きな努力を払っている。さらに，運営費交付金の減額，競争的資金の拡大，人員削減の進展，大学院学生数の増加などが現場の教員の業務を激増させている。国立大学法人化は教職員の業務を増やしたのみであり，メリットは少ないとの現場の声が強い。国立大学法人化は大学の自由度を拡大したことが大きなメリットであり，業務の削減・効率化，戦略的な業務の選択，大学組織の効率化などの施策が実行に移されなければ，そのメリットを実感することはできないであろう。

　評価はこのような大学改革を立案，実施するために必要なものであり，業務

の効率化，高度化に役立てることができなければ徒労に終わる。現場の教職員がより良き大学像を求めて努力する雰囲気を作ることが重要である。九州大学は実質的に個々の教員，もしくは小講座の連合体にすぎず，組織化が進んでいない。これが個々の教職員に過大な業務負担を負わせる原因の一つとなっている。九州大学では表面上は大講座制をとっており，いくつかの大講座などにより学科，分野，コースなどが構成され，これらの単位が集まって学部，学府，研究院などの部局が構成されている。九州大学はこれらの部局の集合体であり，上記の各構成ユニットが機能しなければ総長のリーダーシップのみでは高い評価を受ける実績を上げることはできない。

　大学の大きな業務の一つは教育であり，学生と接しているのは現場の教職員である。教育方針は部局によりかなり異なっており，大学改革の方向もかなり個性的なものとなる。したがって，大学評価において高い評価を受けるためには部局の活性化が不可欠であり，部局単位での改革が必要である。これまで，教員は大学の全ての業務を均等に分担することが求められていたが，重要業務は特定教員に集中することが多く，質の高い成果を上げることが困難であった。したがって，各部局で教員の役割分担を戦略的に見直し，業務遂行の効率化を行うことが必要である。

　法人評価に耐える実績を得ようとする場合，全ての項目を全ての部局で同時に行うことは無駄が多い。部局により準備状況も適性も項目により異なっている。そこで，各部局は特性に合った作業に集中して努力し，その経験を他部局に示すことにより大学全体のレベルを上げることが効率的である。これを実現する方策の一つとして，教育関係アクションプランを作成して各部局に配布した。これは，教育関係の中期目標・中期計画を簡略化した形で表にまとめることにより，実施案の役割分担を明らかにすることを目指したものである。各部局の特徴ある取組みを見やすい形で整理し，中期計画の最新の達成状況に教職員全員がアクセス可能としたいと考えている。

教員の業績評価

　このような評価の流れのなかで，個々の教員の業績評価を行うことが不可欠となっている。九州大学で実施している教員の個人業績の開示に教員業績データシステムがある。このシステムは教員個人が教育，研究，社会貢献，国際貢

献，大学行政に係る業績を入力してHP上で公開するものである。英語での入力項目もあり，国内のみならず，海外からのアクセスも多く，教員の業績の公開に大きな役割を果たしている。

　このシステムの難点は入力が繁雑なことである。多くの教員は自身の業績リストを作成していると思われるが，そのリストを直接利用することができず，細かく別れた項目に手入力するか，個別にコピー・ペーストを行う必要がある。業績の多い教員は当然多忙であるが，入力すべき項目は膨大なものとなり，入力の時間を確保し難い状況となる。講義担当，学生受入などの事務部が把握している情報は教員個人が入力する必要がない形に修正する必要がある。論文や学会発表などの業績には複数の教員が関与する場合が少なくない。そのような場合，代理入力により複数の教員の個人データベースへの記入を可能にすることが望まれる。個人情報を他の教員に見られたくないこともあり得るので，入力画面は個別に作成し，個人情報ベースの中で統合されるシステムを構築することが望まれる。

　このような入力作業の分割が行われれば，研究室単位でなく，大講座，部門，部局などの単位で入力分担を行うことが可能となり，教員業績データシステムの維持をより少ない労力で行うことが可能となる。出力については教員業績データベースの情報を教員の業績評価に利用することが可能になりつつあり，改善の方向にある。国や地方公共団体への教員の業績に関する情報収集も行われており，教員は個別に対応している。教員業績データシステムの一部がこのような情報供給にも利用可能になれば教員の負担はさらに軽減される。

　一部の部局では任期制に関連して教員の業績評価書を個別に作成しているが，教員データシステムの出力結果を転用することが望まれる。農学研究院で実施されている任期制関連の評価は，極端に業績の少ない教員を見いだすことが目的とされているように思える。評価は活発な活動を行っている教員の業務を正当に評価するために行うべきであり，プラスの評価を行うために実施することが望まれる。マイナス評価を行うための評価は構成員の士気を削ぐものであり，教員の時間的コストを費やす必要はないものである。

　評価を行うには多大の労力を有するものであり，活用してはじめて投入した労力が意味あるものとなる。優れた教員を正当に評価し，それに相当する支援および処遇を行うことが評価の在り方である。大学で実施するすべての評価は

公開を原則とすること，評価結果に基づき改善の施策を考えること，その実施を追跡することが肝要である。

学生による授業評価

　学生による授業評価は，教員の教育技術の改善を目的として多くの私立大学で実施されている。評価はあらかじめ設定された項目について段階評価を行うことが多く，さらに自由意見を記載させる場合が多い。私立大学では評点が低い項目については改善計画を提出させ，次年度の授業評価での改善を図るシステムが動いている。国立大学法人でも学生の授業評価が実施されているが，私立大学で行われているような徹底したものではない。

　学生による授業評価を最初に行ったのは平成9年である。参考資料1に，「学生の授業評価と講義内容の改訂」について，「大学教育」に掲載した記事を再録している（105ページ以下，参照）が，ここに実施の背景について詳しく記載している。私立大学の評価用アンケート用紙を参考にしてアンケート用紙を作成して評価に用いたが，講義法の改善には評点部分が参考になり，講義内容の改善には自由意見が多くの情報を与えてくれた。ここで用いたアンケート用紙を若干修正して平成12年度後期および13年度前期の農学部講義の授業評価に用いたが，この時追加したシラバス関連の項目はシラバスを見ていない学生が多く，参考とはならなかった。この農学部における授業評価結果については個別評価結果を除いたものを参考資料2に再録した（117ページ以下，参照）。

　学生による授業評価は，教員自身が意識していない講義上の問題点を，講義の対象である学生から指摘させる点で重要であるが，万能ではない。評価結果を教員の勤務評定に使う場合があるが，講義の重要性は学生の授業評価結果のみでは計りえないものであり，教員同士の評価や学生への教育効果などを総合的に判断する必要がある。学生による授業評価の最大の目的は，教員自身が講義の問題点を知ることができ，講義内容を改訂するための情報を獲得することにある。

　平成11年度の後期と12年度の前期に，農学部の講義に関する授業評価を実施したが，この結果が一人歩きすることは本意ではない。この授業評価はあくまでも試行であり，講義内容の改善に寄与する授業評価の情報を獲得することが目的であった。この授業評価で高い評価を得た教員を表彰したいとの話も出た

が，評価の実施を決定した際に示した目的以外にこの結果を用いることは不適切であると判断し，教員表彰への利用には反対した．

その理由の一つは，この時採用した設問が必要十分ではないことであり，教員の講義に対する努力を正しく評価できないことである．第1回の評価結果に基づいて方法を修正し，第2回の学部講義の授業評価や大学院講義の授業評価が実施されることを期待しているが，現時点（平成18年3月）では実施されるに至っていないことは残念である．

大学の本務は学生教育にあり，九州大学のような研究重点大学では高いレベルでの大学院教育が求められている．高度な大学院教育は先端的な研究の実施を可能にし，教育・研究の両面で大学の評価を大きく向上させることができる．これは大学教育の高度化が大学の評価に大きく影響することを意味している．ここで間違えてはいけないことは，研究中心大学といえども大学の本務は教育であり，研究ではないことである．従来，教員の採用に主として研究業績による評価が行われてきたため，教員は研究を主任務として採用されたと考えることが多い．採用後も研究中心で評価されることが多いため，この誤解を正す機会は少ない．研究所と異なり，大学の本務は教育であり，教育の題材として研究が行われている．教育に関する評価が不十分であるのは，重要性が低いためではなく，評価制度が定まっていないことによる．研究中心の評価制度を早急に改め，教育および大学行政における貢献を正しく評価する制度を確立することが教育の高度化に必須である．

大学教育を改善するためには，教育上の問題点を明らかにすることが先決であり，教育の対象である学生の意見を聴取することは教育改善の出発点となる．しかし，学生の多くは必ずしも向上心に富んでいるとはいえず，単位修得が困難な教員に対する評価は低くなりがちである．また，教員がアンケートを配布し，回収するシステムでは学生の本音が出てこない場合がある．したがって，教育上の問題点を正しく把握するためには，適切な学生による授業評価システムを確立するとともに，カリキュラムの重要性および教育目標の達成度に関する教員による評価システムの構築が必要である．両者を併用することにより初めて適切な評価が可能になる．

授業評価の内容

　学生による授業評価は，あらかじめ設定された項目に対する評点の記入と自由意見の収集の二本立てで行われることが多い。評点のとりまとめは比較的容易に行うことができるので，教員の評価に用いられることが多い。このような目的で授業評価結果を利用するためには，教員の努力を正しく評価できる項目が選ばれている必要がある。大学，学部により教育の目的は異なっており，それぞれの部局で必要な項目を選択することが不可欠である。

　選択する項目は重要な項目を選択して10個程度に絞り込むことが適切である。学生は多くの科目を受講することになるので，記入すべき項目数が多すぎると真面目に解答しなくなる。アンケートの時期は記憶の新しい時期に行うべきであり，最後の講義にアンケート用紙を配布し，学生係の指定の場所に提出させることが最も自由に意見を提出させる方法となる。一方，講義を担当した教員が配布して回収する方式では，学生が本音を記載しない懸念がある。そこで，私立大学では事務員が配布，回収することが多い。

　アンケートの回収率は高いことが望まれるが，全員にアンケート用紙が配付されていれば回収率にこだわる必要はないと考えている。共通のアンケート用紙を学生係に常備し，いつでも持って行くことを可能にしておれば，教員が各自配布する必要もない。講義内容の改善に有用な情報は主として意識の高い学生から提出されるものであり，すべての学生に意見を求める必要はないからである。

　教員にとっての重要な情報は自由意見から得られることが多い。したがって，アンケート用紙は講義ごとにとりまとめ，試験結果の報告を完了した教員にアンケート集を戻すことが次年度の講義内容の改訂に重要である。学生係にアンケート集のコピーを残し，あまりに不評な教員については研究院長あるいはコース長から改善の指示を行う必要も生じうるが，まずは教員の自助努力をまつべきである。

　学生による授業評価は作業が膨大になる割には得るものが少ないことが多い。アンケートの項目が不適切な場合は参考になる情報が少なくなり，学生の本音が出ない形式でのアンケート回収は無意味である。アンケート内容は重要な項目に絞り込むことが重要であり，項目数が少ないほど回収率が向上し，回答内

容も充実したものになる。一学期に学生が受講する科目数は10個前後になると思われるので，作業はできる限り簡略化する必要がある。評価を受ける教員には回答者を特定できないシステムを導入する必要があるが，管理者にとっては重要な改善を提案した学生には接触可能としたいという相反する要求もある。

　このような要求の一部を満たし，情報処理の労力を大きく削減する方法としてネット上での評価結果の入力システムがある。ネット上での入力が可能になればアンケート用紙の配布および回収が不要となる。また，入力された項目を講義ごとに集計し，平均点を算出することも容易になる。科目ごとに学籍番号を入力させることにより二重の提出が不可能となり，学生と接触する必要が生じた場合には連絡が可能となる。自由意見の集計編集もコピー・ペーストで処理できるため，手入力と比べると結果の編集が容易である。

　ネット上でのアンケート結果の入力は，データの回収および集計に授業担当教員の手を煩わす必要がないため，現場の教員の業務を軽減するとともに，学生の本音を知ることを可能にする。アンケート実施の問題点は，データ集計にかなりの作業時間を必要とすることであるが，ネット上での入力は自動的に集計することが可能であり，情報処理の労力およびコストを大きく削減することを可能にする。

　シラバスのネット上での公開や授業評価の実施など，教育システムをIT化することにより業務の簡素化が達成可能である。講義の受講申込や成績報告もIT化されているが，これらの情報処理システムにおいては個人情報の漏洩防止に万全の体制を整える必要がある。

授業評価結果の利用

　学生による授業評価結果は，講義内容の改善に利用することが最大の目的である。それぞれの教員が，自分自身の教育プログラムの第三者評価結果を，他の教員に対する評価結果と比較し，評価の低い項目について改善の方策を考えることが必要である。すべての教員がこの方向で努力する場合，学生による授業評価は集計結果を各教員に配布することで役目を終える。

　学生による授業評価は授業内容の第三者評価の一つにすぎず，それのみで適正な評価を行うことはできない。当該教育分野の歴史を反映したカリキュラムの一環として講義が行われていること，講義の目的に沿ってその講義が運営さ

れているか否かは学生では判断できないことから，授業評価は当該分野の教員による評価を総合して判断する必要があるからである。したがって，学生による授業評価結果が良くない講義であっても必ずしも内容的に劣るものではないことが多い。学生は楽に単位を取得できる講義に高い評価を与える傾向があり，学生による授業評価の偏重は学生に迎合した講義を増やすことになりかねない。しかしながら，学生による授業評価結果を全く意に介さず，授業内容の改善を行わない教員はカリキュラム実施に支障を来す場合があり，何らかの措置を行うことが必要となる。

　上述したように，大学教員の本務は教育であるので，教育面での評価を重視する必要がある。教育面での貢献を十分期待することができない教員については，研究中心や行政中心の貢献に専念してもらう必要も生じる。大学において高度な教育を実施するためには，個々の教員が教育手法の改善について十分な努力を行う必要があり，優秀な教育者を正しく評価し，優遇する道を開くべきである。

　低年次の学生に対して実施される基礎科目の講義は，学生に勉学の動機付けを行う上で非常に重要である。教養教育は学生に幅広い知識を与えるとともに，個々の学問分野への興味を抱かせる上で重要性が高いが，その価値は学生には十分認識されていない。教員も専門家の育成に重点を置くことが多く，教養教育を軽視する傾向がある。しかし，高度な能力を有する専門家を育成するためには幅広い知識を持たせることが重要であり，多くの学生は社会に出てさまざまな経験を蓄積する過程で，教養教育の意義を理解することが多い。低年次教育を含め，重要な科目の講義はそれぞれの部局で教育能力の高い教員が担当すべきである。

　このような高いレベルで教育を行うためには，教育成果を正しく評価するシステムを開発する必要がある。学生による授業評価はその一つであり，講義の対象である学生の要求に，「部分的に」応えることが教員の責務である。「部分的に」と記載したのは，学生の怠惰心にまで応える必要はないことを意味しており，学生の希望に迎合する必要はない。

　声が聞こえない，板書が読みにくい，説明が早すぎる，学生が理解しているか否かに無理解であるなどの学生の意見に対しては積極的に対応することが必要であり，それによって解りやすい講義を行うことができる。

講義の対象とななる学生は多くの場合教員の研究室に配属される可能性のある学生である。学生は，その進路を選択するにあたって，印象の強い講義を受けた教員が所属する学問分野を選ぶことが多い。したがって，解りやすく印象の強い講義を行うことは，優秀な学生を自分自身の分野に惹き付ける手段となる。したがって，教養教育や低年次専攻教育は最も教育能力の高い教員が担当する必要がある。

　授業内容の改善を行わない教員については改善勧告を行う必要がある。事前にコンセンサスが得られていれば授業評価結果を学生にも公開することで，改善勧告を行う以上の効果が得られる。しかし，学生による授業評価結果の詳細が公開されることはまれである。私立大学の場合は理事会の力が強いため，事務部からの指導はかなりの強制力を発揮するが，国立大学法人では教員の業務を監督するシステムはほとんど確立されていない。学部長は教員の代表者的存在であり，業務改善勧告を出しづらい状況にある。したがって，学部単位で実施される学生の授業評価は，評価結果を利用する際に不徹底なものとなりやすい。

　業務改善勧告を実質的なものにするためには，学生による授業評価を全学的に実施する必要がある。共通したフォーマットに従い，ITを活用した情報処理を行い，要注意科目については，各部局へ改善勧告が行われることにより部局長の指導力を発揮しやすくすると考えられる。

　このような業務改善努力に報いる方式を確立することも重要である。これまで，大学の教員は教育，研究，行政などの業務を均等に分担するとの建前で業務を行ってきた。しかし，実際は特定の有能な教員に業務を集中させ，どの業務も満足なレベルで実施しにくい状況で実施させることが頻繁に行われてきた。大学に所属する教員はそれぞれ個性を有しており，得意分野も異なる。大学の業務運営の役割分担を弾力化し，教育能力に優れた教員は教育に専念し，研究能力に優れた教員は教育負担を軽減させることが大学業務の高度化につながる。高い教育能力を有する教員には，より重要な講義を担当させるとともに，その実績を給与などの待遇に反映させることが望まれる。

　さらに進んで給与体系が大学貢献度に基づいて算定されるようになれば，教育，研究を担当できない教員の給与は削減されることになり，自ずと業務内容の改善に努力するようになる。将来に向けて自由な発想を育むべき大学におい

て，あまりに打算的な給与体系を組むことは望ましいことではないが，現在の業務の質や量を必ずしも反映しない評価システムや給与システムの改善は，教育システムの改善においても必要である。

授業評価のサイクル

学生による授業評価のサイクルは教員個人の業務改善に用いる場合と大学当局が教員の業務評価に利用する場合で異なる。大学として実施する授業評価は実施にかなりの労力を必要とするので，毎年実施する必要はないと考えている。私は学生による授業評価の効能を評価するため，同じアンケート用紙で毎年授業評価を続けたことがあるが，このような個人的な実施は比較的容易であり，講義内容の改訂に多くの情報を与えてくれる。しかし，大学全体で毎年実施することは投入した労力に見合う情報を獲得できないと考えている。大学全体として実施するのは数年ごとで十分であり，授業内容の改訂については各教員が必要に応じて実施すれば十分である。

個人的にアンケートを行う場合は，評価項目数を増やすことが可能である。大学あるいは部局で学生アンケートが実施される時期は外す必要があるが，それ以外の時期に実施するアンケートには，学生の多くは真剣に対応する時間的余裕がある。本人が行っている講義のアンケート結果の集計には少々の労力は許容できるものである。講義の実施形態は教員により異なっているので，各教員が知りたい内容でアンケートを実施することが，講義内容の改訂に大きく寄与する。自由意見の記載のみでは学生は何を書いてよいか解らず，偏った意見しか戻ってこないので，具体的に項目をあげ，評点を記入してもらうとよい。講義を組立てていく過程では毎年アンケートを実施する必要があるが，内容的に満足できる状況になった後は毎年実施する必要はなくなる。しかし，学生の意見を聞くことは，教員にとっても新鮮な情報を得ることを可能にするので，自由意見の聴取は続けることが望ましい。

個人的なアンケートは，最後の講義でアンケート用紙を配布してレポート点を付与してもよいし，期末試験時に記入させて加点の対象としてもよい。学生のアンケートでは，満足した部分を記載してもらうのもよいが，講義の問題点を知ることの方が重要である。したがって，問題点を指摘することが可能な雰囲気を作っておかなければ意見聴取の意味がなくなる。アンケートの内容と評

点は無関係であることをアンケート用紙を配付する時点で学生に伝えておくこと，意見を聞いてもらえる教員であるとの信頼感を得ておくことが重要である。

　学生による授業評価も含め，評価はそれによって得られた結果を改善に利用してはじめて価値がある。毎年実施してもその成果が利用されなければ無駄である。授業評価を実施し，結果をとりまとめて配布し，各教員に講義内容の改善計画を提出させ，改善状況を追跡することが必要である。これらの作業を，仕事に追われることなく実施できる頻度で授業評価を行うべきであり，評価に追われて改善を考える時間がないようでは，評価を行う意味はない。

第3章　教育システムの高度化と実質化

九州大学の教育システムの改革

　九州大学の学士課程教育は，低年次に実施される全学教育と高年次に実施される専門教育に大別される。全学教育は主として六本松地区（旧教養部）で実施されており，専門教育は箱崎，馬出，春日，大橋，伊都などのキャンパスで主として実施されている。六本松および箱崎キャンパスは伊都キャンパスへ移転する予定であり，平成17年度と18年度に工学部が移転した後は用地買収を先行させ，他の移転予定部局の移転はさらに遅れる予定である。六本松キャンパスは箱崎地区に一旦移転した後，理学部などとともに移転する予定であるが，直接移転の可能性も捨てていないのが現状である。

　九州大学は，国立大学法人化と大学移転を同時に行う必要があるため，講義システムの改革が困難な状況にあるが，それらの困難を克服する抜本的な改革を実施することは，国際的にも通用する質の高い教育システムの確立を可能にする。したがって，われわれが置かれた状況に前向きに対処することにより，強い九州大学を作り上げることができると考えている。

全学教育

　全学教育は，夢を持って入学した新入生が最初に接する教育であり，学問に対する欲求に応え，これからの勉学意欲を確立する上で重要な教育である。センター試験入試および個別試験入試における成績と学生の進路および卒業時の成績との間に強い相関は認められないが，全学教育の成績とは相関が認められている。この結果は，いずれの入試も学生の質の確保に寄与しているが，差別化をもたらすものではないこと，全学教育において勉学の目的を見出した学生は有意義な学生生活を送ることを意味している。

　この結果は，全学教育の重要性を示すものであり，全学教育にはわれわれが有する最も優れた人材を投入すべきであることを意味している。旧教養部時代から教養教育を担当する教員は，専門教育を担当する教員から低い評価を受けていたが，優れた学生を確保し，その能力を伸ばすためには質の高い全学教育

を行うことが必要である。

　専門教育を担当する教員にとっては，専門教育をできる限り早く始めることにより専門性を高めようとする意識が強い。学生もできる限り早く専門教育を受けたいとの欲求を有している。しかしながら，教養教育の重要性を社会に出た後で認識し，大学で教養教育をおろそかにしたことを後悔する事例が少なくない。大学の講義システムに関する社会人の意見を聴取すると，教養教育に相当する総合的な学修の重要性を指摘されることが多い。

　したがって，社会に通用する人材を育成するためには，低年次教育で幅広い知識を与えるとともに，各専門分野の入門講義を聴講することにより，学問の意義を認識させることが重要である。また，最先端の研究に触れさせることも学生の修学意欲の高揚に寄与すると考えられる。現在，低年次専攻教育科目で実施されている入門的講義は学生の勉学意欲の育成に非常に重要であり，最も教育能力の高い教員に担当させることが優秀かつ意欲の高い学生を惹き付ける方策である。

　専門教育を担当する教員は，全学教育担当を余分な業務として敬遠する傾向があり，全学教育は旧教養部教員が配属された部局で担当すべきであるとの意識が強い。一方，近年合同した芸術工学部や新たに設置された医学部保健学科では学生数に応じた貢献が求められており，既存の部局との間で全学教育の負担率に不均衡をもたらしている。全学教育は大学教育の一環として実施されるべきものであり，専門教育および大学院教育との関連性の確保が必要である。各部局は，全学教育実施体制を専門教育および大学院教育と連動した形で真剣に議論していただきたいと考えている。

専門教育

　専門教育は学生が所属する学部，コース，分野により設定された一群の科目を受講し，専門的素養を身につけるために実施される。したがって，その内容は学部，コース，分野により異なっている。それぞれの講義の内容はシラバスにより規定され，カリキュラムによりその関連性が確保されているはずであるが，必ずしも理想通りに動いているとはいえないのが現実であろう。

　専門教育は，学士として卒業する学生に十分な専門的素養を与えるとともに，大学院教育の準備を終える課程である。したがって，全学教育，専門教育，大

学院教育は一貫性を保つ必要があり，学部および学府教育の目的に沿って全学教育を受講させ，それを伸ばす形で専門教育を実施すべきである。学士課程教育を円滑に行うためには各学部および学府の教育方針が決定されている必要があり，アドミッションポリシーおよび学生の教育方針の確定が先決である。

学士および大学院教育の充実は，大学の教育レベルの評価において重要な課題である。しかし，大学院学生数の増加，大学評価への対応，研究費獲得の努力，社会貢献および国際貢献の必要性など，教員の業務は増加の一途をたどっており，各種業務の簡素化と高度化が喫緊の課題となっている。教育分野では，開講科目の整理統合により教員の負担の軽減を図る必要がある。新規の講義の開講もしくはプログラムの立上げを行う場合，既存の講義の改廃や必要人員の確保について慎重に審議し，実現可能性を高めるとともに，実施時の労力の適正化を行うことが必要である。

九州大学は大学院重点化を行い，それに相応する支援を受けている。したがって，大学院定員の充足が不可欠である。博士前期課程（修士課程）の学生数は定員を大きく上回っており，部局によっては学生過剰の問題が生じている。

九州大学の学部卒業者の進路（平成16年度）

学 部	卒業者数	進学者数	就職者数	その他
文学部	169	36	79	54
教育学部	52	21	14	17
法学部	248	52	113	83
経済学部	258	12	190	56
理学部	288	202	61	25
医学部	106	1	99（臨床研修）	6
歯学部	53	10	40（臨床研修）	3
薬学部	87	70	8	9
工学部	792	618	135	39
芸術工学部	213	107	62	44
農学部	246	170	62	14
21世紀プログラム	16	9	5	2
計	2528	1308	729（臨床研修を除く）	352

一方，博士後期課程の学生数は定員を下回っており，充足率の向上が喫緊の課題となっている。とくに，医学系学部では臨床研修が義務付けられたため，基礎研究部門の博士課程学生の確保が重要な課題となっている。博士後期課程の学生数を増やすためには，学位取得後の地位を保全する努力が必要であるが，学士教育において基礎研究の重要性を示すことにより基礎研究への志向を育むことも必要である。

　学士教育では専門性の確保が重視され，教養教育がおろそかにされる傾向があるが，学問の重要性，楽しさを低年次教育で学生に伝えることが重要である。大学入学後の早い時期に勉学の楽しさを見いだした学生は，充実した大学生活を送ることができ，優秀な人材として巣立っていく。教養教育および基礎教育には優秀な教員を配置し，学生の欲求に応えることのできる教育体制を整備することが重要である。

　平成16年度の学部卒業者の約52％が大学院に進学しており，大学院重点化大学としては妥当な数字であると思われる。就職者の割合は約29％であるが，進学も就職もしなかった学生の割合が約14％も存在するのは問題である。

大学院教育

　大学院教育については実質化が必要とされている。研究者教育の面では必ずしも現在のシステムで対応できないことはないが，大学院重点化後は，すべての博士号取得者が教育研究職につくことは不可能となっており，特に博士後期課程の改革が必要となっている。博士前期課程の充実も必要とされており，文系大学院では専門職大学院の設置が相次いでいる。いずれの場合も，一般社会に通用する大学院教育が求められており，大学院教育の改革が必須となっている。

　大学の講義は日中の時間帯を用いて毎週開講形式で行われることが多い。大学で利用可能な講義室数は限られており，この形式では開講科目数が増加すると講義室の確保が困難となる。大学院生にとっては受講科目数が増加することにより，研究に費やすためのまとまった時間を確保することが困難となる。教員は複数の講義を担当する場合，毎週講義に対応するためにはその行動を制約され，長期出張が困難となる。

　これらの問題点を解決する方法の一つに集中講義の活用があげられる。集中

講義は学外非常勤講師の講義方式の一つとして活用されることが多いが，大学院対象講義では学内教員の講義参加を容易なものとする。講義の実施においては，前期と後期の2学期制が主として用いられており，1学期に15回の毎週講義を行い，2単位を付与する形式が大学院でも多用されている。2単位を付与するためには，集中講義では30時間の講義が必要となり，レポートなどを賦課した場合でも少なくとも4日間の講義を必要とする。しかし，1単位の付与には15時間の講義で十分であり，2日間で講義を終了することができる。したがって，大学院対象講義は1単位を基本とし，休日開講を含めて設計することにより，大学院生の研究時間の確保，教員の講義拘束期間の短縮，講義室運用の効率化などを達成することが可能となる。

大学院教育の問題点は，博士後期課程への進学率の低さである。後述するように，多くの学府で博士後期課程の充足率は100％を大きく下回っている。平成16年度修了者の博士後期課程への進学率は17％弱にすぎず，306名の進学者には他大学への進学者も含んでいる。就職者の割合は学部卒業者より高く，約

九州大学の博士前期課程修了者の進路（平成16年度）

学　府	修了者数	進学者数	就職者数	その他
人文科学府	42	17	7	18
比較社会文化学府	52	22	14	16
人間環境学府	120	29	68	23
法学府	75	11	11	53
経済学府	90	9	57	24
理学府	121	33	78	10
数理学府	46	11	32	3
システム生命科学府	54	22	29	3
医学系学府	42	17	17	8
薬学府	63	14	35	14
工学府	381	51	323	7
芸術工学府	105	9	74	22
システム情報科学府	147	6	139	2
総合理工学府	226	20	197	9
生物資源環境科学府	197	35	146	16
計	1761	306	1227	228

70％に達するが，進学も就職もしない学生が約13％も存在することが問題である。

平成16年度の博士後期課程修了者および単位取得退学者は614名であるが，就職者の割合は61％にとどまっている。就職者の内訳は民間企業が255名，教員が108名，公務員が9名，その他が2名となっており，企業への就職が68％を占めている。博士後期課程の教育は研究者教育が主体であり，研究職あるいは教育職につくための研究を中心に実施されていると思われるが，このような状況では大学院教育の見直しが必要である。企業への就職を前提とした実務的教育を随時取入れていく必要があろう。

その他に入る学生の一部は，ポストドクトラルフェロー（PD）として給与を得ていると思われる。PD制度が発足して博士号を有する新進気鋭の研究者を

九州大学の博士後期課程修了者及び単位取得退学者の進路（平成16年度）

学　府	修了者・単位取得退学者数	就職者数	その他
人文科学府	15	10	5
比較社会文化学府	48	20	28
人間環境学府	48	30	18
法学府	11	4	7
経済学府	16	4	12
理学府	47	12	35
数理学府	7	2	5
システム生命科学府	3	2	1
医学系学府	101	80	21
歯学府	34	22	12
薬学府	29	24	5
工学府	95	65	30
芸術工学府	26	15	11
システム情報科学府	36	24	12
総合理工学府	46	32	14
生物資源環境科学府	52	28	24
計	614	374	240

活用する道が開けたことは評価できるが，9年から10年にわたる大学での勉学を終えた学生に安定した職を与えることができない状況は優秀な学生の進学意欲を削ぐものである。大学院教育では，修了者の卒後の社会参入を容易にするプログラムの開発を急ぐ必要がある。平成18年度から大学院共通教育の開講を進めていくが，博士号取得者が即戦力として，社会の現場で働くことのできる素養を身につけさせたいと考えている。

大学院の定員充足率

　大学院教育において大きな問題となっているのは，定員充足率である。大学評価で定員充足率は大きな評価項目となっており，85％以上の充足率を達成することが各種の支援の前提となっている。多くの大学で学部学生の充足率が95％以下となることは当分ないであろう。平成17年5月の九州大学の充足率は，人文科学府および経済学府の修士課程で85％以下の数値が出ているが，ほとんどの学府が100％を越えている状況である。九州大学では4つの専門職大学院が開設されているが，いずれも100％前後の定員充足率で動いている。問題となるのは博士後期課程の充足率で，85％以上の充足率を達成しているのは15の学府のうち6学府にすぎない。この数値は在籍する全ての学生数を用いて得られたものであり，年度ごとの数値を求めるとさらに達成度は低下する。

　博士後期課程の定員充足については各学府で改善の努力が行われているが，その充足は容易ではない。研究者育成を中心に大学院教育を行う場合，少子化の影響により学部，学府の新設が望み得ない状況では博士号取得者全員に教育研究職をあてがうことは不可能である。PD制度の充実が博士号取得者に活躍の場を与えてきたが，すでに多くの研究者がPDとして働いている現状では，新規の学位取得者がPDとして採用される確率が低下しており，優秀な学生の博士後期課程への進学率を低下させる要因となっている。

　この状況を改善するためには，博士号を取得した高度技能者を企業，官庁などで活用するシステムを整備する必要がある。そのためには大学院教育の実質化を行い，さまざまな分野で社会的に活躍できる博士を育成することが重要である。それを可能にするためには，高度な専門性を付与するだけでは不十分であり，大学院修了者の総合的能力を高める必要がある。

　理系の大学院生には経営能力などの文系的能力を，文系の大学院生には科学

技術の素養を与える必要があり，両者に創造性，自己表現能力を付与する必要がある。このような総合的能力の付与は博士後期課程のみでは不十分であり，学士および修士課程から教育プログラムを整備し，一貫した教育体制を確立することが急務となっている。

「魅力ある大学院イニシアティブ」は大学院教育の実質化を求めるものであり，修士および博士後期課程を通じた総合力強化プログラムの立案が求められている。大学院共通教育は大学院生の総合力を強化するために行うものであり，大学院生にマネージメント能力，プレゼンテーション能力，倫理性などを育むために実施されるものである。大学院共通教育は専門教育に追加する形で行うこととなるため，その開講および実施は教員の負担を増大させるとともに，大学院学生から研究に必要な時間を奪うことにつながる。したがって，総合力強化と専門性の獲得を両立させるためには，講義実施方式に工夫が必要である。

九州大学の学生充足率

研究院	充足率（%，平成17年5月の学年平均値）			
	学 部	修 士	専門職	博 士
人文科学	100.8	80.4		144.0
比較社会文化		103.0		146.7
人間環境学	117.9	150.0	106.7	147.7
法 学	127.1	87.5	96.5	70.1
経済学	118.8	57.4	104.4	77.8
理 学	120.4	110.6		71.7
数理学		107.4		43.1
医 学	122.6	97.5	95.0	85.0
歯 学	110.0			77.9
薬 学	108.9	149.1		67.9
工 学	115.0	155.5		78.8
芸術工学	116.1	171.8		188.3
システム情報科学		136.1		53.6
総合理工学		142.7		56.6
農 学	109.6	161.8		99.1

第3章　教育システムの高度化と実質化

学生参加型授業の実施について

　21世紀は個性ある人材の育成が求められており，学生の表現力を高めることが重要な課題となっている。学生の個性を伸ばし，表現力の練磨を行う方策の一つとして，学生参加型双方向授業の実施が求められている。学生参加型授業の一つの形態として発表形式の講義があり，大学院では発表形式の演習が頻繁に行われている。しかし，学部学生対象の学生参加型授業はほとんど行われていないのが現状である。そこで，参考資料3に示したように，平成11年度から発表形式の講義を試行し，その効用について確認してきた（127ページ以下，参照）。ここでは学生参加型授業を実施して得られたいくつかの知見について紹介する。

　学生参加型授業を実施して明らかになったことは，九州大学の学生，特に九州地区から入学した学生には，学生の積極性を育てる上で非常に有効なことである。九州地区の高校から九州大学に入学した学生は，匹敵する大学が近傍に存在しないため，積極的に自己主張をする必要に迫られないことが多い。通常の講義においても積極的に質問するように働きかけているが，講義時間内での質問は他大学で集中講義を実施する場合より少ないことが多い。講義の中で疑問点を質問する習慣がなければ，講義内容の定着がはかれないだけでなく，就職面接や学会発表などにおいて自分の意見を述べることができなくなる。

　参考資料3に記載したように，人前で質問することが不得手の人間にとってその障壁を乗り越えるためには，少人数講義であることが必要である。学生数が30名を越えると質問者は特定の学生に偏ることになりやすい。そこで，学生参加型の授業を行う場合は30名以下の少人数形式で実施することが望ましい。

　学生の質問を誘導するためには，話しやすい雰囲気を作ることが重要となる。教員自身が話しかけにくい雰囲気であれば学生は質問しにくいものであり，日常的に学生との会話を行うことが必要である。

　通常の講義では教員が黒板の前に立ち，着席した学生に対して話しかける形式となる。教員は見下ろす形となり，学生は見上げる形で講義が行われるが，視線の上下関係は対話の成立に大きな影響を及ぼす。学生との対話を重視する場合，目の高さを同一にすることが必要である。他大学での集中講義では会議室を用意し，着席して講義を行い，学生の質問を受ける形式をとっている。

着席の状況も質問の出やすさに関係する。対面して着席した場合，教員と学生の間に対立的な状況が発生しやすく，質問できにくいものである。一方，隣に座った学生は教員に親近感を覚え，質問が容易になる。したがって，会議室で講義を行う場合は，対面に学生の席を設置しない形で行うとよい。机を四角に並べる場合は，教員の正面に学生が座る必要がないように余裕を持って用意してもらう。対面といっても，かなり距離がある場合にはこの限りではなく，正面に学生が座っても構わない。教員の視線による圧迫感は距離に反比例するようである。円卓形式が活発な議論に向いているのは同様の理由によるものと思われる。

同様の配慮は教授室などで学生と討論する場合にもあてはまる。議論が必要な時ほど学生を隣に座らせ，一緒にデータの解釈を行っているとの感覚を持たせることが学生の意見を吸い上げるのに効果的である。気の弱い学生は対面しただけで圧迫感を感じてしまい，言いたいことも言えなくなるものである。

講義室で学生参加型の授業を行っている場合，最前列に横向きで着席し，発表している学生と聴講している学生に横顔を見せることになる。そうすることによってどちらの学生にも圧迫感がなくなり，のびのびと討議を行わせることができる。

学生による講義

私の授業では，学生参加型授業の一形態として，学生による講義と質疑応答を行っている。教科書の一部を学生の希望に応じて割り当て，担当部分を学生に対して講義させ，学生からの質疑応答に答えさせる形式で行っている。担当部分全体について講義させることは困難であるので，発表は個々の学生が興味を持った部分に集中して行わせることとし，質問は担当部分全体に対して答えさせることとしている。担当の学生のみでは質問に十分対応することができないので，答えることのできない質問については教員が対応し，説明が不足する場合は補足説明を行っている。したがって，質疑応答に対する説明の大部分は教員が担当することになる。しかし，指定された項目のなかから興味ある部分を抽出して分かりやすく説明し，予期せぬ質問に対して即時に応答する必要があるので，学生の情報処理能力，構成力，発表力，判断力などの練磨に非常に有効である。

発表時間は5分，質疑応答時間は10分を目安に授業を行っているが，90分の授業時間では5名の発表を行うことが限度であり，多くの学生を受け入れることは困難である。また，説明できるのは学生の質問事項に関連した内容に限られており，系統的に講義を行うことはできないことが難点である。したがって，学生参加型授業は通常の講義の一環として行うことは不適当であり，学生のコミュニケーション能力の向上を主目的として講義を開講することになる。学生参加型授業は，すべての講義で実施すべきものではなく，学生が所属する学科などの組織で誰かが実施すればよいものである。

このような学生参加型授業では，教員はほとんどの質問に対して解答できる準備が必要であり，若い教員には不向きである。議論の方向を拡散させないためには教科書を指定することが得策であり，学生の質疑応答に関連した情報のほとんどが教科書に記載されていることが望ましい。私の授業で学生による講義と質疑応答の形式をとることができたのは，教科書をすでに作成しており，基本的情報は前期の講義で伝達できていたためであり，系統的な知識の獲得は教科書を読み通せば可能にしていたことに基づいている。

通常の講義では，解説を聞いている間は理解している気持ちになれるが，すぐに忘れてしまうものであり，知識として定着する割合は低いものである。一方，予習を行って講義を受けた場合，定着する知識量は大幅に増加し，質問に対する答えを得た場合は長期間にわたり記憶できる知識となる。講義の予習の機会を与えるためには，教科書を指定するか，講義資料を前もって配布することが必要である。

教科書は一つの学問領域に必要な知識を系統的に与えるために必要である。しかし，講義のなかで学生が教科書に記載した情報をすべて理解することを期待すべきではない。教科書に記載されている知識を本当に理解し，応用可能な知識として定着させるためには，現場での経験を必要とする場合が多いからである。私にとっての講義は，学生に一つの学問分野に対して興味を抱かせるきっかけにすることであり，瑣末な知識を記憶させるために行っているのではない。講義で用いた教科書が実際に役に立つのは教えた学生の一部にすぎないと思われるが，就職後に，現場で直面する問題を解決するための情報収集の出発点となれば教科書を作成した甲斐があるというものである。

学生参加型演習

　学生参加型授業は，当初学生による講義および質疑応答のみであったが，平成15年度から健康志向食品設計演習を7人程度のグループを編成して行っている。本演習では，商品名，設計目的，製造の明細，販売指針などを記載した仕様書を作成させている。

　まず，仕様書作成における注意点を説明した後，グループ内討議により仕様書を作成させる。グループリーダーは仕様書をとりまとめ，メールにて教員に提出する。教員は全グループの仕様書をとりまとめて全員に配布し，次回の講義では各グループに仕様書の内容を説明させ，質疑応答を行っている。この段階で設計上の難点を主として教員が指摘することになる。

　初年度の演習では講義時間の不足からこの段階で演習を終了せざるを得なかったが，意欲の高い学生からさらに議論を深めたいという意見が提出された。そこで，2年目は質疑応答の際に得られた情報に基づいて，修正した仕様書を再提出させて全体討論を行うことにより学生の満足度を高めることができた。

　3年目の平成17年度は教育担当副学長に就任することとなり，週日の講義を実施することが極度に困難となった。学生に受講希望を尋ねたところ，かなりの数の受講希望者がいることが解り，土曜日を用いた集中講義形式での実施を提案した。この形式でも受講希望者が20名に達し，全員に5分の講義と質疑応答を経験させ，演習は設計に約1時間，仕様書の仕上げと提出はグループでの自習，仕様書の発表と質疑応答に2時間強，仕様書の修正と提出はグループでの自習，修正仕様書の発表と質疑応答に1時間強を費やす形で土曜日に3回実施した集中講義を無事終えることができた。

　3年目に受講した学生は土曜日開講でも参加した意欲の高い集団であったため，自習による仕様書の作成を非常に高いレベルで行うことができ，質疑応答も非常に活発であった。しかしながら，学部3年生に対して土曜日に集中講義を行うことはサークル活動への参加に支障を来すため，学部学生の教育には不適当であることが明らかとなった。

　例年通り，講義への意見をレポート形式で提出してもらったが，講義の内容については学生の満足度は非常に高いものであった。講義は，週日に1コマ開講してオリエンテーションを行い，土曜日に3回の集中講義を実施し，不足す

る時間は自習とレポートで補った。土曜日は10時に開始し，昼食をはさんで16時に終了する形式と12時に開始して17時に終了する形式で試行したが，後者の場合，休憩をはさんでも5時間の講義は集中力の維持に問題があることが明らかとなった。

　この種の学生参加型授業は何が出てくるか予想がつかないため，教員にとっては常に真剣勝負となり，疲れるものである。しかし，学生の熱意を吸収することができ，充実した3日間を過ごすことができた。

　これらの経験を通じてわかることは，学生参加型双方向授業はすべての講義で実施する必要はないが，それに参加した学生の満足度は非常に高いということであった。学生の個性を引き出し，発表力を高めるためには，学生の作業結果に対する教員の応答を示す必要があるが，大人数講義では実施困難である。したがって，学生参加型双方向授業は少人数で実施することが得策である。平成18年度から低年次学生を対象に導入ゼミが開講されることになっている。教員と学生が学生参加型双方向授業に習熟し，活発な質疑を通じて学生の成長が促進されることを願っている。

　個々の学生に発表体験を持たせるためには人数分の時間が必要となり，通常の講義に織り込むことは困難である。しかし，グループ形式の演習は設計，発表および討論，修正案の全体討議の3回で終結することが可能であるので，一般形式の講義の仕上げとして導入することも可能であろう。それぞれの講義内容に対応して，さまざまな形で学生の創造力を育成する講義が実施されることが望まれる。

第4章　ファカルティーディベロップメント

自己点検・評価

　大学の運営は部局の活性に依存しており，部局ごとの自己評価が大学改革の基本となっている。大学の現状を知ることが適切な改革の出発点となる。九州大学においても，各部局において自己点検・評価委員会を設置し，自己点検・評価白書の作成を行ってきた。この白書を外部評価委員に送付し，外部評価を実施してきたが，これらの評価を部局運営，ひいては大学運営の改善に利用するシステムが確立されていなかったことが大学の法人化をもたらした。

　国立大学法人の法人評価および認証評価は，大学が作成する自己評価に基づいており，大学の教育研究システムの基本的情報を獲得し，その結果を大学改革に利用してはじめて大学の社会的責任を果たすことになる。したがって，適切な内容の自己評価を行い，その結果を自己改革に結びつけることが教職員，学生，社会にとって満足できる大学を作ることにつながる。

　自己評価は調査項目が設定されれば情報の集積を行うことができ，報告書の作成に結びつけることが容易である。しかし，これを自己改革に結びつけるためには，改革システムの整備が必要となる。自己評価により抽出された問題点を解決するための組織がなければ，自己点検・評価は無駄な労力を費やしただけで終わることになる。

　自己点検・評価結果を改革につなげるためには情報の公開が不可欠である。これまで行われてきたように，評価結果が公開されなければ改革の必要性は教育現場で認識されず，システム改革は行われないことになる。大学の法人評価および認証評価は公開が原則であり，低い評価を得た場合，国からの補助金が減額されるとともに，外部研究費の獲得が困難となる。したがって，公開を前提とした自己評価をシステムに組み込んだ形で大学を運営することが必要である。

　自己点検・評価を実施するためには各部局で大きな労力を払う必要が生じる。したがって，その労力は結果に見合う形で投入することが望まれる。実施するのみの評価は教員の労力を投入するに値しないものであり，業務システムの改

善, 高度化に利用されてはじめて価値が生じる。教育という作業は高度に個性的なものであり, 九州大学のような総合大学では教育目的, 教育手段は部局により大きく異なっている。このような状況で画一的な自己点検・評価を行うことは部局の個性の発現を制限することになり, 教育現場にとって不利益を被る改善案を導き出す可能性がある。

少なくとも教育については教育単位ごとの自己点検・評価を行い, 単位ごとに業務内容の改善を進めることが必要となる。教育現場の実態に即した改革でなければ実効性は期待できず, かえって教育システムの改善を阻害するからである。

しかし, 大学教育の改革を部局の活性化のみに依存することはできない。大学組織の欠点の一つが, 講座もしくは研究室の規模が小さすぎることにあり, その組織化が進んでいないことが活性化を妨げているからである。大学改革においてトップダウンの必要性が叫ばれているのは, 大学が有する資源を戦略的に利用することが不可欠であるからである。大学のトップの役割は大学が進むべき道を選択し, 大学改革の方向性を示すことにある。部局はそこで示された枠のなかで創意工夫を行い, 部局の個性を発揮することが重要である。このトップダウンとボトムアップの融合が大学に高い活性をもたらすものと考えている。

ファカルティーディベロップメントとは

大学における自己改革手法の一つに, ファカルティーディベロップメント (FD) がある。九州大学においても全学FDおよび部局FDを開催して大学運営上の問題点の整理に務めてきたが, これらのFDが自己改革に十分活用されてきたとはいえない。ここでは, これまで実施されてきたFDの問題点とその改善策について考える。

FDは教員の講義能力, 学生指導能力の向上を目的として行われるものである。FD実施例で最も多いのは, テーマを設定して講師を招聘し, 講演会を開く形式である。この形式は構成員全員に対して行われ, 質疑応答の時間は限られたものであることが多い。議論の内容も一般的なものとなり, 大学の組織改革に直接つながる議論には至らないことが多い。

第二の形式は選ばれた教職員による集中討議型であり, 活発な討議を行うた

め，学外の施設に泊り込みで行われる場合もある。ここでは，選ばれたテーマについて多方面から討議され，大学運営の改善に関する具体的な討議が行われることが多い。この形式は部局の代表者を集めて全学レベルで実施されることが多いが，ここで討議した内容が教育研究の現場に十分伝わっていないのが現状である。FDは，教育研究の現場でのシステム改善に寄与してはじめて価値を持つものである。

　このように，FDには情報伝達型と討論型があるが，必ずしも現場の教育研究システムの改善に寄与していないのが現状である。部局の全員を対象にFDを開催しようとするとテーマは共通的な大きなものとなり，具体性を欠くことになる。そのような勉強会も必要であるが，現場の教育研究システムの改善に必要なことは，現場レベルでの問題点の抽出とそれに対する対応策の検討である。したがって，教育研究の単位である学科，コース，分野などで焦点を絞った具体的なテーマでFDを行うことが重要である。

九州大学農学研究院におけるFDの実施例

　ここでは，部局におけるFDの実施例として私が開催を担当した農学研究院の2つの実施例について紹介する

　まず，農学研究院では平成13年12月11日に第1回FDを行った。このFDは，平成12年度後期と13年度前期に実施した学部講義に対する学生の授業評価結果の公表を目的として実施した。まず，学生の授業評価結果について説明を行い，次にアメリカで学位を取得した教員にアメリカの教育方式について講演していただいた。引き続いて，講義内容の改善について1時間の討論を行うことにした。私が実施したFDでは必ず討論時間を設けて，システム改善に関する議論を行っている。1時間程度の議論では問題の解決には至らないが，他の教員の意見を聞くことが現場での問題解決のきっかけになることを期待している。他部局や他の委員会が主催するFDに出席する機会も多いが，その多くは講演終了後の質疑応答にほとんど時間が割かれておらず，情報伝達のみに終わることが多いのが残念である。

　参考資料4には，平成14年12月に実施した農学研究院と言語文化研究院の合同FDについて記載した資料を再録した（134ページ以下，参照）。このFDは農学研究院で実施した2回目のFDである。資料に示したように，テーマを語学

教育に限定し、それぞれの研究院から2名、合計4名の教員に講演していただき、引き続いて1時間の質疑応答を行った。

語学教育を担当する言語文化研究院とその受益者である農学研究院の教員の間で議論が行われ、実施可能なことと実施困難であることについての相互理解が得られたことは評価できた。しかし、1時間程度の議論では改善策について議論することは不可能であった。1回のFDで問題解決に至ることはあり得ないことである、FDを実施するにあたっては討議すべき問題の絞り込みを行い、解決策の討議に十分な時間を与える配慮が必要である。

平成17年11月に教育担当副学長に就任して、FDの実施について指導する立場となった。全学FDにおいては、業務改善策に関する議論が分科会により議論されることが多いが、今後は部局FDにおいても業務改善に関する議論を必須とし、改善案の提出を実施報告の要件としたいと考えている。教職員の業務改善や教育内容の改善につながらないFDは時間の無駄であり、教職員の時間を費やす理由にはならないからである。

FDのあるべき姿

FDは業務改善の一環として行われるべきものであり、教育研究の現状を把握した後、改善策を策定してはじめて完結するものである。現状を把握するための講演会には十分意義があり、実施すべきであるが、改善策の具体的検討が行われていないことがFDの効果を削いでいる。大学における教育研究は部局単位で実施されており、部局単位でのシステム改善が行われなければどのような優れた提案も絵に描いた餅である。

このような現場でのシステム改善のための議論は、企業では日常的に行われている。どのような改善も現場の実態に適合するものでなければ実効性が低いものとなり、現場の不満を増すことになる。企業では製品の質を維持するために Quality Control（QC）サークルによる地道な改善を行ってきた。この改善の積み重ねが高い品質と製造コストの削減を可能にした。

大学においては、部局により教育システムが異なっており、統一的手法を用いた改善には限度がある。各部局においても、教育を実際に担当している組織ごとで事情が異なっており、組織ごとに最適化する必要がある。教育システムの改善を現場で実施可能にすることはそれに関与する教職員の士気を高めるこ

とにつながるものであり，部局長，部門長，コース長などの組織代表者が積極的に教育システムの改善に取組むことが重要である。

　このような活動を可能にするためには，業務運営の責任体制を明確にし，必要な場合，下部組織への権限の委譲を行うべきである。大学法人化においてはトップダウンが強調されているが，それによって現場の自由度が損なわれる傾向が認められる。大学を組織化し，進むべき方向を決定するためにはトップダウンが不可欠である。一方，決定された事項を着実に実行するためには教育研究現場の創意工夫が必要であり，必要な権限を現場に委譲し，自由な活動を支援することが得策である。このような体制を構築することにより，現場では教育研究システムの改善に関するFDを頻繁に開催し，具体的な改善策を末端組織の責任において決定し，実行することが可能となる。

　企業においても，活性の高い組織では自己改革活動が頻繁に行われている。企業の活性あるいは将来性を図る指標の一つに，構成員一人当たりの改善提案数がある。企業の活性が低下しているときには現場からの提案を出しにくい状況にあり，活性化が進むにつれて提案数が急速に増加するのが通例である。構成単位での自己改革活動を活性化するためには指導部が現場の意見を尊重する姿勢，その意見の具体化を支援する姿勢を持つことが重要である。

教育システムの改善

　日本に大学が設置されて100年が経過しようとしている。この間，大学組織の部分的な変更が行われたが，抜本的な改革は実施されておらず，効率的とはいえない形で運営されてきた。ここでは，教育システムの改善において各部局で考えてほしいさまざまな問題点を列挙したい。

　九州大学は表面上大講座制をとっているが，実質的には旧来の小講座制を維持している部局が多く，小講座という小単位の集合体にすぎない部局が多い。小講座制を維持することは組織としての強みを発揮することを困難にし，大学の大競争時代に取り残される危険性をはらんでいる。

　国立大学法人化は大学の競争力を強化するため，トップダウンによる組織化を求めている。トップダウンによる重点目標の設定は重要な要素であるが，教育研究の現場が設定された目標に対して適切な対応を行うことができなければ組織力の強化にはつながらない。実施不能な提案については対応できないこと

を明らかにし，別の手法で目的を達成するための提案を行うか，その目標については当該部局では追求しないことを明確にすることが望まれる。トップダウンに対する速やかかつ適切な対応が部局の活性化をもたらす。

　教育研究は学生および社会を相手にする作業であり，学問分野によりシステム改善の方向性が異なることは当然である。したがって，教育研究システムの改善を目指したFDは部局単位で実施され，現場の教職員の業務改善に直結するものでなければならない。すなわち，学生が所属する教育単位であり，社会的にも一つの学問分野として認知されている学科や部門などの教育研究の単位ごとにFDが実施される必要がある。

　教育研究システムの改善には，小講座単位の役割分担および業務の均等分担の建前を廃止する必要がある。小講座の利害は部門，部局，大学の利害と一致しない場合があり，このような利益相反は今後許容されないと考えるべきである。教職員の資質はそれぞれ異なっており，得意分野と不得意分野が存在する。業務の均等な分担の実態は特定教員への負担の集中であり，教員の能力の無駄遣いを行っていることを考慮すると，役割分担の柔軟化はぜひとも達成すべき改善である。教育，研究，行政などに関する大学への貢献を正しく評価し，それぞれの得意分野に特化した業務分担を可能にしていくことが，教育研究の高度化を達成し，構成員の満足をもたらす道である。

　大学をとりまく社会状況は年とともに変化しており，大学の任務も変わりつつある。国立大学法人化にともない，大学評価に関連する業務が大幅に増加したが，廃止された業務はほとんどない。この状況は現場の教職員の負担を増大させるだけであり，業務内容の高度化に費やす時間が奪われているのが現状である。したがって，業務の効率化，不要な業務の廃止は現場におけるFDの重要な項目となる。事務処理の簡素化，教育プログラムの整理統合は一つの変更が連鎖的に影響を及ぼすこともあり，その改廃については現場の主体性を確保すべきである。現場の教職員がプライドと余裕を持って業務に携わることのできる体制を確保することが喫緊の課題である。

　教育研究システムの改善においては，教育を優先する必要がある。大学は研究所ではなく，高いレベルで教育を行うために研究活動を行っていると考えるべきである。教育能力の高い教員は勉学意欲の高い学生を惹き付けることができ，その分野の研究能力の向上に大きく寄与することができる。これまで教育

貢献に関する評価制度が確立していなかったため，研究業績中心の教員採用が行われてきたが，教育能力に欠陥のある研究者は次世代を担う若手研究者の育成には向かないことを知るべきである．教員の役割分担の柔軟化は教員の特性に応じた任用を可能にするものであり，強い組織を作ることを可能にする．

　教員の評価にあたっては，公平かつ全体的な評価を行うことが望まれる．教育，研究，大学運営に関する評価を対等のレベルで評価できなければ教育中心，行政中心の業務選択はあり得ない．研究中心の評価から教育，研究，大学運営を対等に評価するシステムの構築が望まれる．

　教育貢献においては，個々の教員の大学貢献度を全体として把握することが重要である．全学教育，学部教育，大学院教育において実際に講義を行っている場合は，大学貢献時間を容易に合算することができる．これに学内非常勤講師としての貢献を合算して評価することにより，学内非常勤講師の委嘱が容易となる．以前は支払われていた学内非常勤講師への謝金を現在は支払うことができなくなり，適切な人材を学内に有しているにも拘らず学外非常勤講師に委嘱するケースが生じている．学外非常勤講師の雇用は大学支出の増加につながるものであり，財務を悪化させる原因となる．

　研究室への学生受入は教育業務の重要な部分を占めているが，その教育貢献については現在評価の対象とはなっていない．博士後期課程の充足率を高める必要が生じている状況では，学生受入に関する貢献度を評価することが重要である．学部学生，修士課程学生，博士後期課程の学生の指導に費やす平均的時間を設定することにより，講義貢献度と同じレベルで教育貢献度を評価することが可能となる．

　入試業務に関する貢献も現在は評価の対象とされていない．超過勤務手当が支払われる業務については必ずしも合算する必要はないが，業務遂行に必要な時間と手当が乖離している場合には貢献度評価に追加する必要がある．また，入試問題作成などの，神経を使う作業については格別の配慮が必要であると考えている．

　大学貢献度評価には主要委員会の委員としての貢献を加味すべきである．重要な委員会に出席する委員は比較的限られており，多くの委員会で顔を合わせることになる．委員会委員としての貢献は，委員会への出席に必要な時間および情報処理に必要な時間を合わせることにより所要時間の設定が可能である．

その際，移動時間を加味することが現実的である。重要委員会の委員を委嘱される教員は教育研究においても高い活性を有する場合が多い。このような教員に過大な負担をかけることは人材活用面では大学，部局に不利益をもたらす。大学貢献時間を総計することにより，特定教員の大学貢献時間を過大なものとしない配慮が必要である。

　委員の決定においては，所属組織の持ち回りで決定される場合，選挙で決定される場合，前任者などの推薦で決定される場合があろう。問題であるのは選挙で決定される場合であり，すでに重要業務についている教員に票を投じる傾向がある。これが特定教員への業務の集中を生むことになる。大学貢献時間を平均値の2倍以上は求めないなどの内規を設定し，業務分担の平準化を図る必要がある。

　そのためには，教員の大学貢献度を常に把握しておく必要がある。この作業に教員の時間を使うことは業務を増やすのみである。事務的に把握可能なものを中心に合算することとし，合算すべき項目について平均所要時間を設定しておけば容易に最新の業務分担状況を把握することができよう。

　特定教員への業務分担の集中を防ぎ，業務内容を高度化するためには，業務の専門化を進めることが効果的である。教員の嗜好を尊重し，教育系，研究系，入試系などの業務内容に応じて教員を配分すれば，選択した業務内容を中心に委員を割り振ることができよう。それによって業務内容の継続性を確保することができ，容易に高度化することができよう。修学相談員，就職支援，入試業務，カリキュラム作成，予算作成，研究プロジェクト作成などは経験が業務達成度に大きく影響するものであり，各部局に専門家を育成してほしいと考えている。

　部局で委員会を運営する場合，構成する全組織の代表が委員として出席することが多い。しかし，議題の多くは一部の組織が関与するにすぎず，出席した委員の多くが無駄な時間を過ごすことが少なくない。目的を絞った委員会は専門家による審議を行っているが，この場合は審議内容の伝達がうまくいかない場合がある。教員に無駄な会議で時間を使わせることは得策ではなく，実質的な会議の開催を目指す必要がある。全構成員への情報伝達および意見の吸い上げが必要な内容を扱う委員会では代表者制をとる必要があるが，専門的な内容を取扱う場合は必要最低限の専門家で構成して委員の数を減らすべきである。

第4章　ファカルティーディベロップメント

　情報伝達については，構成員全員にメールで議事録を伝達すること，関係事務部で資料閲覧を許すこと，意見具申は事務部に直接行うことを可能にすることで対応できる。本部でも委員会の整理・統合による教員の拘束時間の削減を図っているが，部局レベルでも実施を考えるべきであろう。

　学生の修学指導は学生が所属する組織で行うことが前提である。組織内でトラブルに直面した学生に対する相談窓口の設定は大学レベルで行う必要があるが，問題の解決は各部局で行う必要がある。閉鎖的な小講座制を維持した形では教員同士の相互支援は不可能であり，大講座，学科，部局などの単位で学生支援システムを構築することが必要である。学生の悩みを速やかに聴取し，早期の問題解決を図ることが肝要である。

　カリキュラムの改定，学生の就職支援，資格取得支援など，部局で実施すべき改善項目は多数存在する。これらの業務を全員で均等に負担し，学科長，部門長などが回り持ちで担当する方式では，業務内容の改善および高度化を達成することは不可能である。業務の円滑な遂行には教職員の嗜好と能力に応じた役割分担の柔軟化が必要であるが，組織の構成人数が少ないと無理のない役割分担制度を確立することができない。各部局は均等かつ十分なサイズに下部組織を再編成し，教育研究システムの最適化を行うことが望まれる。

　平成16年4月に大学法人化が行われ，1年半が経過した。この間，大学改革担当総長特別補佐として九州大学の改革に関する討議に参加し，いくつかの改革案を提出したが，その多くは実現せず今日に至っている。改革は実施してはじめて意味を持つ。大学の業務は複雑に入り組んでいるものが多く，従来の方式を変更すると予想外の影響が生じる場合がある。改革あるいは変革はその効果を完全に予測できないことが普通であり，完全な改革を1回で達成できるものではない。したがって，実施可能な改革から順次実施し，結果を見ながらさらに改善を加えることが望ましい。大学業務の変更を行う場合，理念の構築が重要視されるが，速やかな改革が求められている現状では，改革の集積から新たな理念を築きあげざるを得ない。

　変革を行う場合，他大学の情報を求められることが多い。先行事例がある場合は他大学の方式に学ぶことも重要であるが，個性ある大学作りが必要な現状では，他大学の状況にこだわるべきではない。完全な調査にはそれなりの時間を必要とし，改革案の策定を遅らせるからである。

重要なことは，教育研究の現場が活性化する改革を行うことであり，現場から提出された改革案の妥当性を速やかに検討し，優れた改革案を迅速に実施することである。現在のところ，大学法人化により評価関連の業務が大幅に増加したことに対する不満が聞かれるのみであり，業務の高度化や効率化に関する提案はほとんど教育・研究の現場から提出されていない。日本の製造業における生産性の向上は，QCサークルなどの現場での改善の積み重ねによって達成されたものであり，大学においても現場の活性化が強く求められている。

第5章　講義の進め方

講義の目的

　大学での講義の目的には各学問分野における基礎的および先進的情報の伝達を行うとともに，その情報の活用法について教授することがあげられる。現在の大学教育では，情報の伝達に重点が置かれており，獲得した知識を現代人が直面する諸問題の解決にどう利用するかについては，ほとんど教育が行われていないのが現状である。

　教育には「教える」ことと「育む」ことが含まれる。現在の教育は「教える」ことに重点が置かれているが，現実社会で主導的な役割を演じる独創性豊かな人材を育成するためには，学生の個性を伸ばす「育む」教育を行うことが必要である。高校までの基礎教育では基礎知識を植えつけるために，「教える」必要があるが，大学では，「育む」ことに重点を置くべきであると考えている。

　「育む」教育を行うためには，学生に知識欲を持たせることが肝要である。知識偏重の詰め込み教育は勉学意欲を損なうだけでなく，不得意な科目に対する拒否感を与える。勉学の意欲を持たせるためには，知識の必要性を知らせることが重要であり，何のために学ぶのかを伝えることが必要である。講義の目的を明らかにし，これから学ぶ知識がどのような場で必要となるかを明示すべきである。

講義の形態

　大学での講義は，教員が板書をしながら学生に対して説明する形式が一般的である。30年以上前の私の学生時代は教員がノートを読上げ，学生が懸命に筆記する「ノート講義」があったが，現在ではそのような講義形式はほとんどないものと思われる。

　講義は教科書を指定して行われることが多い。しかしながら，教科書の改訂を頻繁に行うことができないため，1冊の教科書では最新の情報を与えることができない。そこで，教員の多くは複数の書物から関連情報を選択・編集して資料を作成し，講義に用いている。自分自身で作成した教科書を用いて講義を

行うことが最も容易であるが，教科書の出版は簡単ではなく，一旦作成した教科書の改訂も容易でないことから，配布資料を用いて講義を行うことが多くなる。

　教員の多くは，教科書もしくは配布資料に記載されている情報をとりまとめて板書用の講義ノートを作成し，板書と口述を併用して講義を行うことが多い。残念なことは，多くの場合，教員から学生への一方的な情報伝達に終始することである。この種の講義は基本的な知識の伝達には有効であるが，知識の定着率が低く，試験終了後に利用可能な形で知識が残らないことが多い。

　しかしながら，講義を受けた経験は再度知識を獲得する必要が生じた場合に有効となる。高校や大学の講義で拒否感あるいは不得意感を持った場合は，その分野に関する勉強が妨げられるが，多くの場合は講義経験のある分野については新しい知識の獲得を容易に行うことができる。したがって，知識の伝達に熱心なあまり，学生の準備状況とは無関係に講義を行い，学問分野に対する拒否感を与えることは好ましくない。

　大学卒業時の成績，大学院進学率，企業への就職などと入学試験の成績には相関が認められないが，1～2年次の全学教育の成績には相関が認められている。これは，低年次において学問領域に興味を持つことが，それ以降の学生の勉学姿勢に大きな影響を及ぼすことを意味する。勉学意欲の高い学生はどのような講義を行っても伸びるものであるが，勉学意欲の低い学生に興味を持たせる講義がとくに低年次教育では望まれる。

　大学の講義で学生が教えてほしい内容に，ものの考え方がある。なぜその学問領域が必要であるのか，なぜそのような進展が起こったのか，現実の問題を解決するためにはどのような対応が考えられるのかなどについて，教員の考え方を知ることは学生の成長に大きく寄与するものである。基本的情報の伝達を行う際，教員の考え方を随時伝えることが講義の内容にメリハリを与え，学生の集中心を持続させることにつながる。

シラバスの作成

　シラバスは講義の内容を前もって学生に伝えるために作成する。それによって，教員は講義の内容を確認することができ，学生に教授する内容を明確にすることができる。シラバスでは記載できる分量が不足するので，教員の意図を

すべて伝えることができない。そこで，初回の講義では講義の狙い，進め方，到達目標，評価方式などについて十分に説明することが必要である。

　限られた講義時間では関連する項目のすべてを習得させることができないので，講義は重要な項目を中心に組み立てる必要がある。重要度の低い項目については資料を配布し，自習による知識の習得を促す必要がある。自習には予習と復習があるが，目的を持って勉学を行わせるためには，予習がより重要である。したがって，講義資料は事前に配布し，予習する機会を与えるべきである。教科書を用いる場合も，次回の講義の範囲を明らかにし，予習可能にすることが望ましい。

　シラバスは講義内容を知らせる重要な手段であるので，すべての学生に公開する必要がある。大学で実施されるすべての講義のシラバスを1冊に収めることは大きな大学では困難であるので，学部などのより小さな単位でシラバス集が作成されることが多い。その場合，他学部で実施されている講義の内容を知ることが困難となる。印刷物は，大部になればなるほど読まれなくなるものであるが，ネット上に公開された情報は必要な情報のみ選択可能な点で優れている。他学部の学生も受講可能な講義については，ネット上でシラバスを公開することが効果的である。

講義資料

　講義資料は講義内容を定着させる上で重要である。そこで，教員はさまざまな講義資料を作成して講義に使用している。

　オーバーヘッドプロジェクター（OHP）やスライドが講義に利用されることが多いが，使用法を間違えると学生の理解度の向上にはつながらない。実際，学生の不満が最も大きいのが不適切なスライド講義である。35mmスライドを用いる場合，教室を暗くする必要があるが，そうなるとノートをとることができないため，講義内容の定着を図りにくくなる。また，OHPやスライドが講義目的で作成されている場合は講義内容を理解しやすいが，学会などで専門家を対象に講演するために作成したものを流用した場合，学生の知識レベルと一致しないため理解度が大きく低下する。

　このような高度な内容を含む資料を用いて講義を行う場合，余分な説明が必要となるため，学会などで講演する場合より長時間を要することになる。その

結果，説明が早すぎて学生がついていけなくなり，理解度がさらに低下する。OHP，スライド，動画などの利用は講義にアクセントをつける上で重要であるが，講義向けに編集した資料を用いることが重要である。学生は，復習を可能にするため，資料の配布を強く望んでいる。したがって，スライド原稿を学生に事前配布して講義を行い，動画を含む印象的な材料を講義の合間に使用することが得策である。

講義の理解には予習が非常に重要である。講義内容を事前に把握し，不明な点を明らかにするため講義に出席することが講義内容の定着につながる。したがって，テキストを事前配布して予習を推奨することにより，高いレベルで講義を実施することが可能となる。最先端の情報を伝達するためには，OHP，スライド，参考書や参考文献から選抜した資料集などを講義資料として用いることが効果的である。しかし，系統的に講義内容を配列するには自筆のテキストを作成することが望まれる。他人が作成した教科書を用いると，学生に伝えたい情報を効率的に伝えることができず，追加資料を作成することとなる。熱心な教員の場合はその量が毎年増えるか更新されることになる。

最近の学生は読書量が減っているため，活字量の多い資料に対する抵抗感が大きい。したがって，講義資料には図表やイラストを多用することになる。ページ数を減らすために図表や活字を小さくすると予習をしなくなる。また，テキストに書きこみのスペースを設けておかないと授業中に追加情報を記入できないため理解度が低下する。したがって，9ポイント以上の楽に読めるサイズの活字で空きスペースを適宜挿入して資料を作成するとよい。学生による授業評価は講義資料の改定に非常に参考になるので，各人の目的に沿った授業評価を個人的に実施するとよい。

私の講義では講義資料は数回分をまとめて事前配布して予習可能としてきたが，分冊では紛失することがあるので教科書を作成してほしいとの要望が学生からなされた。教科書の作成は講義内容の整理には都合が良いが，内容の改訂を頻繁に行うことができなくなるという難点を併せ持っている。結局，学生の希望にしたがい教科書としてとりまとめて出版し，担当する2科目の講義に使用することとした。教科書を作成することにより，理解することが容易な部分は自習の対象とし，重要な部分を重点的に教えることが可能となった。また，教科書記載内容を出発点としてさらに関連情報を収集させ，学生が収集した情

報を発表させる学生参加型授業の設計も可能となった。

　教科書作成に踏み切った理由の一つは，90分14回の講義では伝えたい情報を完全に伝達できないことであった。一つの学問分野に関する情報を系統的に教えるためにはある程度の時間が必要である。講義すべき内容も多岐にわたるので，個々の項目に多くの時間を費やすことができない。学生は先進的な話を好むので，最近の研究動向についても休憩をかねて教えているが，そのような雑談はますます授業時間を圧迫する。また，教員から学生への一方通行による講義は知識の定着度が低く，試験を終えると速やかに忘れてしまうのが通例である。しかし，教科書として配布しておけば，学生が就職して関連業務を行う際，手元に教科書があれば関連情報獲得の出発点となる。これが活字情報の利点である。

　複数の教員が同一科目の講義を行っている場合，講義内容および学生評価法の統一が困難となる。講義内容を統一するためには共通教科書の作成が効果的である。それによって学生の到達目標の設定が可能となり，現在実施が求められている厳格な学生の成績評価を公平に行うことができる。学生の評価において求められている方式に Grade Point Average（GPA）制度があるが，このような点数化作業も公平な成績評価が行われていなければ意味のない作業である。

講義の実施

　学生は最先端の研究に対する知的好奇心を有しているが，理解不能な講義を行うと勉学意欲を損なうこととなり，かえって逆効果となるので注意する必要がある。基礎的情報の伝達を中心とした講義で，学習の意義が明確に示されない場合，学生は勉学の目的を認識することができず，意欲を失うことが多い。専門領域の知識が難解であることを学生は承知しており，難解であるということのみでは拒否感は示さない。なぜこの学問領域が重要であるのか，何のために学んでいるのかを示すことが学生の勉学意欲を引きだすために必要である。したがって，第一週のオリエンテーションではこれから実施する講義内容の説明を十分に行うことが重要である。また，実際の講義では伝えたい原理を身近な例を用いて説明することが効果的である。

　同じペースでだらだらと講義を続けると集中力を持続することが困難となり，睡眠を誘うことになる。学生の集中力の持続は30分を限度と考えるべきである。

90分の講義を行う場合，20分前後の講義内容を複数用意し，その区切りで短い雑談を入れると学生の集中力を維持することができる。OHP，スライド，ビデオなどは講義の1コマとして用いると効果的であるが，90分の講義全体で使用するとだれてしまう。私は，講義内容を短い単元に分割して区切りごとに質問を受け，学生の理解度を確認することにしている。

　通常の講義形式は教員から学生への一方的な知識の伝達であり，知識の定着度は高いものではない。期末試験時に復習することにより思い出すことはできるが，長期間にわたり記憶されることはない。しかし，面白い講義であればその分野に対する親近感を抱くことになり，必要が生じた場合に再度勉強をする際の抵抗感を消失させる。したがって，講義は学生の興味を引きだし，拒否感を与えないようにすることが重要である。

　低年次の基礎科目で自信を失った学生は特定の学問領域に対して不得意感や拒否感を感じてしまい，専門教育の妨げとなることがある。低年次教育の成績が卒業時の成績に大きく影響することが明らかにされており，低年次に修学意欲を高めることは学生教育に大きな意義を有する。したがって，低年次教育には学部が出しうる最高の人材を投入すべきであり，学生のレベルに応じた柔軟な講義を行うことが重要である。

　講義での説明に身近な材料を用いることが学生の理解を容易にし，勉学意欲を高めるために有効である。限られた講義時間内に教授すべき内容は基本的な重要事項の理解を中心に行い，身近な材料を用いて説明することに努めている。私の講義は「食糧化学」および「食糧製造化学」であり，食品の体調調節機能を中心に講義しているので，身近な話題に事欠かないのは便利である。

　講義の出席は講義内容に関連するクイズを出題して解答させ，出席票を回収後に解答と追加情報を与えることにしている。正解者に余分に出席点を与えることもあり，このクイズを楽しみにしている学生も多い。しかし，正答率が低すぎると意欲を失うので注意が必要である。講義開始時に出席票（裏紙に印刷して4分割したものを使用）を配布し，途中で問題を出題し，すぐに回収して解答を行うので，欠席した学生の分まで解答を書くことはできない。当初は講義終了時にクイズを出題し，翌週解答を行っていたが，この方式では知識の定着率が低くなる。

質疑応答

　講義中に説明した内容は，聞いた時点では印象が深いものでも容易に忘れるものである。しかし，疑問点を質問して解答を得た場合は知識の定着率が格段に高くなる。そこで，予習を可能にするため講義資料を事前に配布し，講義中の質問を奨励している。しかし，大人数の講義では講義中の質問は少ない。これは，教員が教壇に立ち，着席した学生に対して講義している場合に顕著であり，受講者数が30名を越えると質問数が減少する傾向がある。

　他大学で集中講義を行う場合は比較的少人数であることが多いので，講義資料を事前配布するとともに，会議室形式で講義を行えるようお願いしている。スライドを使うことはまれであり，スライドを含む講義資料を事前配布し，座って講義している。それによって教員と学生の目線が同じ高さとなり，質問することが容易となる。しかし，質問可能な雰囲気がなければ学生は質問しにくいものであり，なごやかな雰囲気作りに努めることが必要である。飽きさせないために講義内容を小さく分割し，区切りごとに質問の有無を尋ねることが肝要である。

　積極的な勉学姿勢を身につけさせるためには，人前で質問することに慣れさせる必要がある。九州大学の学生は九州内では競争相手がいないため，学生が持っている能力を最大限に発揮しようとしないことが多い。プライドが高く，人前で恥をかくことを恐れる気持ちもある。したがって，真面目ではあるが大人しく，人前で能力を十分に示すことができない場合がある。就職試験の面接でこのような態度をとった場合，不合格となる確率が高くなる。

　そこで，学生に自己表現の重要さについて十分に理解させ，疑問が生じたらすぐに質問させる習慣を付けさせることが重要になる。数年前から実施している学生参加型の演習では学生に教科書の一部を割り当てて講義を行わせ，他の学生の質問に答えさせることにより，不測の事態に速やかに対応する訓練を行っている。

　学生の質問に答えるためオフィスアワーの設定が求められているが，後述するように学生の利用頻度は高いものではない。大学法人化に際して作成を求められた中期目標・中期計画の作成において，オフィスアワーの設定が参考例として掲げられた結果，オフィスアワーは実施しなければならないものと考えら

れがちである。これはあくまで参考例にすぎず，部局あるいは教員にとって効率的な方法で学生との対話を確保することが重要である。

演　習

　説明中心の講義に演習を加えると講義内容の定着率が格段に向上する。通常の講義に演習を取入れる場合，レポートの出題が有効である。レポートは講義に関連する内容を学生に調べさせる点で講義内容の定着に大きく寄与する。提出されたレポート内容を評価し，コメントを付して学生に返却することが望ましいが，受講者数が多い場合はレポート内容の評価に費やす時間を確保できない場合が多い。

　そこで，字数を限定してレポートを作成させ，レポート集を学生全員に配布する方式をとっている。私の場合は食品関連の情報を新聞，雑誌などから選ばせ，その内容を400字以内に要約させるとともに，学生の意見を400字以内で書かせている。字数を限定することにより，情報の選択が必要となり，情報処理能力を付与することができる。また，書きたいことを限られた字数に収めるためには文章の手直しが必要となり，文章力の向上に寄与する。学生から提出されたレポートは，レポート集にまとめて全員に配布することを事前に知らせているので，手抜きしたレポートはまず出てこない。レポートはメールで提出させているので，編集が容易であり，かなり大人数の受講者数にも対応することができる。

　レポートをメールで提出させることは，学生との間の連絡手段を確立することにつながる。それによって，勉学上の相談だけでなく，修学上の諸問題に関する相談を受けることが可能になる。引きこもり学生を3年がかりで社会復帰させた例があるが，一時はその学生との唯一の連絡手段はメールであった。トラブルが発生して退学寸前の学生を休学させ，復学および卒業に導いた例も数件あるが，いずれもメールで最初の連絡を行い，以後携帯電話や直接の面会により信頼関係を築くことができた。簡単な勉学上の相談は講義終了後の質疑で終えることができるが，修学上の個人的な問題は時間をかけて別途対応する必要がある。

　レポートの出題においては，学生の意見を書かせることが独創性の涵養につながる。学生は自分の考えを人前で述べた経験が少ないため，3年次学生は口

頭での発表を十分に行うことができない。しかし，文章化はなんとかこなすことができるので，それぞれ工夫をこらしたレポートが提出される。

　人前での発表は，3年後期の「食糧製造化学」で実施している。教授に昇任して5年後に学生の要望で講義資料を教科書にまとめたが，現在は教科書の一部を学生の希望にしたがって割り当て，順次講義を行わせている。割り当てられた単元のなかで学生の興味を引いた部分を5分間で講義させ，単元全体に関する質問を10分間受けさせている。他の学生からの質問に解答できないことが多く，大部分は教員からの説明になるが，この経験を学生は前向きに受け止めており，学生参加型授業に対する評価は高い。この形式の難点は多くの学生を受け入れ難いことであり，全員に発表経験を持たせるため，受講者数を30名以内に限定する必要があることである。したがって，必修的な講義では採用が困難であり，人数の絞り込みが容易な選択科目で実施している。

　「食糧製造化学」では，グループによる機能性食品設計演習も実施している。30名前後の受講者を7名程度のグループに分割し，機能性食品設計の目的，組成，製造法などを記載した仕様書を提出させている。次に，4つの班から提出させた仕様書を全員に配布し，班ごとに設計理念を説明させ，他の学生からの質疑応答に答えさせるとともに，必要な改善点についてコメントしている。以上の課程をこなした学生は思考力および表現力が大きく向上している。

講義の運営

　勉学意欲にあふれた学生にとって騒々しい環境は堪えられないものである。学生の嗜好はそれぞれ異なっており，全員に興味深い講義を行うことは困難である。したがって，内容に興味を持てない学生が混在することは仕方のないことである。しかし，興味を持って聞いている学生の勉学意欲を削ぐことはやってはいけないことであり，講義中の静謐な環境を保つことは教員の義務である。

　出席点を付与することは講義に出席させるために行っているが，期末試験結果のみでも単位の取得は可能な形で評価を行っている。期末試験では教科書に記載されている内容のみを評価の対象としているので，興味を持てない学生は出席する必要はない。出席した以上は教員の指導に従ってもらうことを最初のオリエンテーションで伝えており，他の学生の迷惑になる行動は許可していない。私語する学生は即刻退室させ，遅刻あるいは生理上の要求から講義途中で

の出入りが必要な場合は静かに行うよう指導している。講義中の睡眠は邪魔しないが，いびきをかく場合は起こしてよいとしている。講義の運営にあたっては，教員は毅然たる態度をとる必要がある。最初の事例で適切に対処すれば，講義室の環境を静謐に保つことは困難ではない。

学生が睡魔に襲われる原因として，講義の内容が理解できないこと，単調に講義が行われることなどがある。講義内容をどのレベルに合せるかは教員の主観にしたがうほかないが，学生にとって理解しやすい講義を行うことが教員の義務である。講義の単調さを破るためには息抜きが必要である。20分前後で単元の区切りをつけ，社会的問題や教員の経験談などを短時間挿入することにより学生の集中力を保つことができる。

適当な板書の量も学生の集中力の維持を可能にする。私の場合は必要最低限の情報はすでに教科書に記載しているので，必ずしも板書の必要はないが，学生にある程度の作業を与えるため板書を併用している。板書する内容は教科書作成後に収集した情報が多いが，板書のみで教えた内容は筆記試験の採点対象から外している。講義の出席は学生の自由意志に任せているので，欠席時の情報を採点の対象としたくないからである。

このような対応を行う理由は最初に学生に伝えており，講義の目的が講義内容の単なる暗記ではなく，学生が学ぼうとする意欲を培うことにあるからである。もっとも，就職試験や体調不良で欠席する学生はあっても，ほとんどの学生は毎回出席しており，その真面目さは驚くほどである。個人的な理由で欠席する学生は多くの場合事前もしくは事後に欠席した理由を知らせてくれる。

学生との対話

講義は学生と接する重要なチャンスであり，優秀な学生を研究の世界に呼び込むきっかけとなりうる。入学試験の成績と卒業時の成績との間にほとんど相関関係が認められないが，低年次の成績は卒業時の成績と正の相関を示す。九州大学農学部では低年次専攻教育科目を設けており，多くの場合それぞれの分野から選ばれた教員が講義を担当しているが，学生の評価は担当教員によりかなり異なっている。熱心な教員が担当している低年次専攻教育科目は学生に人気がある。農学部においては，2年次前期が終了した時点で学生の希望と成績にしたがってコース・分野への振り分けが行われるが，充実した低年次専攻教

育科目を実施しているコース・分野には優秀な学生が志望する。これは，低年次教育の重要性を示すものであり，低年次教育には教育能力の高い教員を配置すべきであることを意味している。

　学部講義においても同じことがいえる。熱心かつ充実した講義を行っている教員への学生の信頼は厚く，研究室配属の際優秀な学生が志望することになる。コース・分野への進学や研究室配属における学生の人気は単位を取りやすいか否かではなく，講義に対する熱心な取組みを評価したものである。評価が厳しいことや，講義内容が高度にすぎることは学生が単位を揃える必要がある場合には忌避されることがあるが，配属研究室を決定する場合には必ずしもマイナス要因とはならない。このような場合，最も低い評価を受けるのは教員のやる気のなさである。大学教員は本来学生教育を行うために雇用されているのであるが，多くの教員は研究能力で雇用されているものと信じている。そこで，往々にして講義を負担と感じ，おざなりな講義を行いがちになる。しかし，学生はそのような教員が真剣に学生の指導を行ってくれるとは考えていないことを知るべきである。講義内容は理解できないことが多くとも，熱心に教えてくれる教員を信頼するものである。

　平成17年の後期に20名程度の学生代表との意見交換会を学部3グループ，大学院3グループに対して実施した。これは総長の希望により行われたものであり，前半は大学改革担当総長特別補佐として，後半は教育担当副学長として出席したが，大学の教育システムおよび教員の教育法に関する多くの意見を聞くことができた。私は，10年間にわたり学生の授業評価を行い学生の意見を聴取してきており，農学部で4年間学務委員長を務めた際にも，学生の意見を聴取する機会が多かったので，目新しい意見は少なかった。しかし，このような学生との意見交換は教育法の改善に大きく寄与することができるので，教員個人としても，組織的にも学生の意見を聴取し，教育法の改善に役立てることが必要である。

オフィスアワー

　講義内容に関する疑問はその場で質問して解決することが望ましい。しかし，他の学生の前で質問することをためらう学生が多く，講義終了後に質問に来る学生が多い。講義中に質問を受け，解答を行う場合，質問の数が多いと講義の

進行が阻害される。したがって，講義終了後に質問を受ける方が受講者の時間を有効に用いることになる。人前で質問する習慣をつけさせることを目的とする講義以外は終了後に質問を受けることで十分である。

　農学研究院ではオフィスアワーを設定して学生の質問に答えることになっている。オフィスアワーは複数の講義を担当している教員がまとめて学生との対話時間を確保する場合に有効である。対話の場所は教員の執務室であってもよいし，オフィスアワー用に設けられた専用室であってもよい。オフィスアワーの時間帯について学生の都合を聞いたところ，昼休みを希望する学生が多かった。そこで，講義日の昼休みをオフィスアワーに設定して学生の相談を受けている。簡単な講義上の質問は講義室で解答し，やや複雑な相談は教授室で対応しているが，相談に来る学生の数は一学期に数名程度である。教授室までやって来る学生の相談内容は，多くの場合進路相談であり，企業への就職の問題や大学院進学先に関するものが多い。他大学の研究室に関する情報を求められる場合もあるが，可能な限り対応している。

　このような学生の疑問に対応する方式はオフィスアワーのみではない。オフィスアワーの時間帯に学生が相談に来ることはまれであり，それ以外の時間の来室あるいはメールでの相談の方が多く，メールで予約した時間に来室してもらい相談に乗ることが多い。オフィスアワーの設定は頻度の低い相談に対応するために教員の行動を制約する面があり，必ずしも効率的なやり方ではない。

　日本のように，教育，研究，大学行政などの複数の業務を教員が一手に引き受けている場合，このような時間的制約を受けることは耐えられない場合が少なくない。教員の状況に応じた柔軟な相談体制を構築することにより，教員の負担を大きく増すことなく学生の相談に対応可能にすることが望まれる。

　学生の修学上の悩みや進路相談はクラス担任や修学相談室が受け持つことになっているが，講義を受けたことのない教員には相談し難いものである。したがって，講義を担当した学生の相談には積極的に対応すべきだと考えている。私自身は学務委員長を4年間務めた関係で，毎日昼休みを学生のカウンセリング時間にあてている。低年次教育を担当した時期は1年次の学生が相談に来，農学入門を担当した時期は他学部の学生も相談に来たが，講義の担当を外れてからは相談に来る学生はいなくなった。したがって，講義を担当しない教員がクラス担任を務める場合は，教員側から学生に接触する場を設ける必要がある。

第6章　学生の修学指導

修学指導の必要性

　大学は社会に出る直前の教育機関であり，在学中に社会に出る準備を終える必要がある。その準備の一環としてさまざまな分野に関する講義が行われる。また，課外活動やアルバイトなどを通じて人間関係の維持について体験し，人間性の向上を図ることになる。しかしながら，高校まで大学への入学を主要な目的として勉学に励んできた学生の一部には社会生活に関する経験が不足しており，大学生活を円滑に行わせるために修学指導を行う必要が生じている。

　大学では，学生生活に関係して生じるさまざまな問題に対応するため，各種相談窓口を設置している。これらの相談窓口は主として事務部により運営されており，大学生活を行う上でのさまざまな情報を獲得することができる。大学入学時のオリエンテーションで大学生活を円滑に行うためのパンフレットが配布され，各相談窓口でもそれぞれの業務に関係するパンフレットを受け取ることができる。これらのパンフレットはＡ4版の比較的大きなサイズで作成されることが多く，種類が多いこともあって学生の多くは十分に内容を理解することなく廃棄している。また，その構成が情報伝達型となっており，問題解決型ではないため，現実の問題に対してどのような対応ができるのか解り難い場合がある。学生が直面する問題の早期解決を図るためにはこれらのパンフレットを統合し，Ａ5版程度の持ち運びが可能な大学生活マニュアルを作成することが望まれる。

　大学での教育は低年次の教養教育，高年次の専門教育，大学院における研究教育と進んでいく。それにともない，学生の教育は個別的色彩が強くなり，教育現場における修学指導の重要性が大きくなる。九州大学では多くの学部が大講座制をとっているが，実質的には小講座制の色彩が強い。この小講座における修学指導は研究室の方針に依存することが多く，統一的な対応が困難な場合が多い。セクシャルハラスメントやアカデミックハラスメントはこのような閉鎖的環境で進展することになる。したがって，各教員が学生指導法に関する情報交換を行い，学生の資質に応じた指導体制を構築することが望まれる。

低年次学生の指導

　学生は大学に入学後，さまざまな問題に遭遇する。問題の解決は学生の成長につながるので，勉学を行う上で，ある程度の障害が存在することはむしろ好ましいともいえる。しかし，解決できない問題に遭遇した場合，勉学意欲の減退を導き，引きこもり，休学，退学などの原因となる。このような深刻な事態に陥るのは生真面目な学生に多いが，相談できる友人がいない場合は大きな問題につながりやすい。

　学生の相談役として九州大学では，複数のクラス担任が置かれているが，クラス担任に悩みを相談する学生はほとんどいないようである。教養部が存続しているた時代のクラス担任は教養部所属の教員であり，講義を受ける機会もあるため親近感を持ちやすい状況であった。教養部廃止後も六本松地区に勤務する教員がクラス担任を務めていたが，その後学部教員が追加され，複数の教員によりクラスの指導を行うこととなった。学部教員がクラス指導に参加した当初は熱心に学生との交流を行う教員が存在したが，最近では積極的にクラス指導を行っている教員は少ないようである。

　私が農学部の学務委員長を務めた4年間（平成12～15年度）に，複数の学生に対して直接修学指導を行う必要が生じた。3年間を費やして引きこもり学生を社会復帰させた例，1年間の休学や他研究室への配置替えにより無事卒業させた例があるが，いずれの場合もクラス担任，学部での担任，研究室の指導教官には相談する気持ちは全くない状況であった。

　学生が相談相手として選ぶのはまず友人であり，適当な友人がいない場合，兄弟・姉妹，親，教員の順に相談の相手を探すことになろう。しかし，学生のトラブルは友人関係や家族関係に原因があることも多く，相談相手を確保できないことがある。そこで，最後の手段として修学相談室や身近な教員に相談を持ちかけることになるが，相談に行った時点で問題の大部分が解決することも多い。すなわち，他人に話すことができたということで解決への道を歩むことが可能になるからである。

　教員に相談する場合，接触したことのない教員には話し難いものである。私は多くの学生の相談を受けてきたが，講義したことのない学生が自発的に相談に来たことはない。現在のクラス担任制が十分機能していない原因の一つは，

低年次学生に接触する機会のない教員が輪番で担当するため，学生が相談する気になれないからである。

　九州大学では，平成18年度から導入ゼミが各学部で実施されることになっているが，新入生を各研究室に配分して全研究室が学生に夢を与える少人数ゼミを実施するとともに，卒業まで学生と付き合う担任としても機能を付与することが望まれる。定員は学生の希望に応じて若干の幅を持たせることが望ましいが，一学年10名以下であれば十分に個別指導が可能であろう。

　入学後に学業の継続に問題が生じる学生の割合は10%以下であり，深刻な事態に陥る確率は数%にすぎない。人気研究室では各学年の学生数を合計すると数十名に達することもありうるが，学生一人当たりの教員の指導時間が短い割には学生の失速率は低いことが多い。学生の充足率が低い研究室では教員と学生の親密度は高まるが，教員の教育方針と学生の資質が合致しない場合は，相談する相手が限られることもあって問題が深刻化する場合がある。学生の休学や退学にあたってはその理由を示す必要があるが，多くの場合，「経済的理由」や「就職のため」といった無難な理由が記載されており，真の理由は記載されないことが多い。学生の休学，退学理由について正確に把握することが修学上の問題の解決に大きく寄与すると考えている。学生の休学率や退学率が高い研究室についてはその理由を明らかにし，修学指導体制の見直しを早めに行うことが必要である。

　学生が相談に来る教員は学生にとって話しやすい相手である。講義を受けただけでは相談に来ることはなく，学生の話を聞いてくれそうな雰囲気が必要である。学生が挨拶しないと言う教員がいるが，学生は親近感を持てない教員は敬遠するものであり，進んで挨拶はしないものである。学生が進んで挨拶する雰囲気を作ることが，学生の相談相手となるための必須条件である。教員側から学生に話しかけることが，学生に親近感と信頼感を与える。

　学生の信頼を勝ち取るためには講義において真剣に教える姿勢が必要である。研究の合間に仕方なく教えているという姿勢を見せること，教えても学生には理解できはしないという態度をとることは厳禁であり，もっともやってはいけないことは学生を馬鹿にすることである。講義の内容が学生に定着しない理由として，教員の熱意が学生に伝わっていないこと，講義の明快さが不足していること，学生の理解度を確認しながら講義法を工夫する努力が不足しているこ

となどが考えられ，必ずしも学生の努力不足のみが原因ではない。学生の成長を目的として熱心に講義し，学生の質問に真剣に対応することが学生の勉学意欲を高める。また，日常生活の中で教員から学生に声をかけてやれば，学生は進んで教員の話を聞きにくるものである。

学生のトラブルの原因が研究室の教員である場合は，問題の解決が困難になる。最も身近な教員の一人が問題に関わっている場合，研究室の他の教員に相談することも憚られることが多い。そこに修学相談室や学生係の存在価値があり，話しやすい人間を窓口に配置する配慮が必要である。話しやすさは人間が持つ雰囲気が大きく影響するものであり，この雰囲気は容易に獲得することはできない。したがって，修学相談員は適性を有する教員が務めるべきであり，長期にわたって担当してもらうことが望ましい。教員の役割分担においては全員が均等に大学運営業務を分担することになっているが，実際は非常に不均等な役割分担が行われている。

教員の個性はそれぞれ異なっており，適性も異なる。現在のシステムは完全平等主義であり，教育，研究，行政の各業務を全教員が均等に負担することとなっているが，これは人間の能力の無駄使いである。それぞれの教員の得意分野を中心に能力を発揮させるべきであり，適材適所の配置は業務の遂行にあたり充実感を与えてくれる。これを可能にするためには各種業務について公平な評価制度を確立することが必要であり，個々の教員の業務分担内容が異なっていても，大学に対する貢献度を正しく評価することができれば，柔軟な業務分担制度を構築することができる。

学部学生の指導

私の学部における所属は，九州大学農学部生物資源環境学科応用生物科学コース食糧化学工学分野食糧化学研究室である。農学部では入学時に一括して学生を採用し，低年次の学生は，2年次前期が終了した時点でそれまでの成績と希望に応じてコース配属を行うこととしている。応用生物科学コースの定員は75名であるが，ここに配属された学生は，半年後に再び学生の希望と成績にしたがって農芸化学分野と食糧化学工学分野への配属が行われる。この配属では2つの分野への配属人数に35〜40名の幅があり，学生の希望を反映するための配慮がなされている。近年の配属状況は農芸化学分野35名，食糧化学工学分野

40名であることが多い。

　食糧化学工学分野に配属された学生は，3年次の終わり頃（1月頃）に研究室配属を決定する。食糧化学工学分野には栄養化学，食糧化学，食品分析学，食品衛生化学，食品製造工学，微生物工学の6つの研究室があり，原則として均等に学生を配属することとしている。学生数，男女比，大学院志望者数のすべてを均衡させるような指導が行われていた時期もあったが，現在では学生の希望を極力反映することになっている。

　すなわち，男女比は全く問題にされず，大学院志望者の割合もほとんど考慮されない。学生数のみは大きな格差が起こらないような配慮が必要と考えられており，40名を6研究室に均等配分すると6名が2研究室，7名が2研究室となるので，6～8名の幅で配分を行うことが多い。この数年，食糧化学研究室への希望者数が多く，7名全員が大学院希望という状況が2年続いた。食品機能分野は現在注目を集めているが，このようなピークに達した分野は成熟に向かうことが多く，必ずしも新規参入は有利ではない。そこで，昨年度の配属前のオリエンテーションで3年次学生に厳しい発言を行ったところ，希望者が激減し，今年度は就職希望者1名と大学院希望者の4名の，合わせて5名となった。

　このような指導を行う理由は，大学での勉学は，学生が自分自身の目的を明らかにして自ら努力する姿勢が必要であると考えるからである。たまたま研究成果が注目を集めていることや，卒業生の就職先が希望の就職先と一致することなどで研究室配属希望を決定してくるが，配属後の勉学姿勢は必ずしも満足すべきものではなく，教員に対する依存度が高い学生が目立つ。これは九州出身の学生に顕著であり，遠隔地から九州大学に来た学生は自立心が高い傾向にある。

　このような，依頼心の強さや教員の発言に疑問を抱かない習性は，私が助教授として講義を行った学生が研究室に入るようになって以降増加し，教授就任後はさらに顕著となった。これは，独創性の発揮が必要な研究者の育成には不都合な状況である。そこで，教科書をそのまま信じてはいけないこと，教員の話は自分で考えて納得したものを取り入れることなどを3年次の講義から繰り返し教えることにしている。

　しかし，教員と学生の関係はそう簡単に変えることのできないものであり，

九州大学出身の大学院生はなかなか教員の発言に対して疑念を抱くことができないものである。そこで，各学年に必ず1名は他大学出身の学生が存在するような配慮を行ってきた。最近は修士の研究室受入可能人数を1学年10名に増やしたため，他大学出身の修士学生の比率がさらに高まっており，その出身にこだわらず活発に議論を行っている。学部学生にもこの情況を伝え，毎日の生活において疑問を持つことの重要性，その疑問を解決するための積極的な勉学が人間の成長に不可欠であることを伝えている。

大学院学生の指導

私の大学院での所属は，九州大学大学院生物資源環境科学府生物機能科学専攻生物機能化学講座食糧化学研究室である。私の研究室では，学生の研究指導は教授と助教授の2名で実施する状況が続いている。修士の学年定員は2名，博士の学年定員は1名であるが，大学院重点化以前から定員以上に学生を採用する状況が続いている。

数年前までは各学年それぞれ3名の修士学生を指導するのが限度と考え，6名前後の大学院受験を承認していた。内部から4～5名，他大学から1～2名が受験するのが通例であった。他大学からの受験の申し入れは通常学生の指導教員から行っていただき，当該の学生と面談して研究内容，学生指導法に関して互いに納得した上で受験の許可を出していた。

現在は，採用可能な修士学生数が1学年で最大10名に設定されたこと，学生の第2希望による入学の機会を尊重することなどにより，学生の受験を制限することが困難となっている。平成16年度は内部から7名，外部（九大他研究室出身者を含む）から8名が受験し，13名が合格点を得たが，採用可能であったのは上位10名までであり，合格点に達した学生3名を採用できない事態となった。3名中1名は第2希望研究室名を記入しており，採用枠が残っていたため第2希望研究室に入学することができた。残り2名は第2希望を記入していなかったため不採用となった。

この2名のうち1名は研究室に配属された4年次学生であるが，当研究室の修士の採用可能定員はすでに充足しているため，2月の2次募集は実施できない。そこで，採用可能枠が残っている研究室の教授にお願いして2次募集を行っていただき，首尾良く入学することができた。1学年下の学生へのオリエン

テーションを行ったのはこの2次募集の大学院入試の実施前であり，研究室所属学生1名の落着き先が決まっていない時期であった。ここでは，食糧化学研究室がそのような危険を冒してまで希望するほどの価値はないこと，真にこの分野で仕事を続けたい人間でなければ後悔することがありうることを学生に知らせることにした。

　他大学から受験する学生は，以前は日常的に付き合いのある教員の推薦によるものであり，入学後のトラブルはほとんど考慮する必要はなかった。現在はホームページ情報などから学生自身が判断して受験希望を伝えてくるので，個々に面談して受験情報および研究室情報を正確に伝えて，道を誤らせないための配慮が必要となっている。

　この過程をおろそかにすると，入学後に学生の修学意欲の低下をもたらし，休学，退学に発展することがある。受験を希望する学生の志望理由を十分に聴取し，研究室の研究内容と一致しているかを確認しておく必要がある。他大学から入学した学生は研究室になじむことがまず必要であり，明るく，積極的な性格が求められる。4年次から研究室に在籍する学生と異なり，他大学出身者は2年間で修士論文をまとめる必要がある。就職活動期間が延長している昨今では，研究可能な期間がさらに短縮されることになる。したがって，他大学の学生を受け入れる場合は十分な情報交換と入学後の綿密な指導が必要である。

　学生の研究成果が上がらない場合，学生の勉学意欲の不足を口実にする教員がいるが，大学は教育の場であり，受け入れた学生を一定レベルに引き上げる責任がある。学生のレベルが十分ではないと主張することは，入学試験システムが機能していないことを意味するものであり，組織の責任である。大学院学生の教育はその個性を伸ばすことが基本であり，学部学生への基礎的な講義とは異なり，全員に同じ方法を用いることはできない。学生の個性，準備状況により指導方法を変える工夫が必要である。

アカデミックハラスメント

　大学の研究室はある種の閉鎖社会であり，学生達が気持ちよく学ぶ環境を維持するためには，教員の努力が必要である。所属する学生の数は研究室によりかなり異なっており，環境作りに必要な労力にも違いがあるが，社会の縮図として学生達に大人の世界を体験させ，独立した社会人としての意識を持たせる

ことが重要である．研究室の業務を分担し，責任を持って遂行させ，周囲の人間に迷惑をかけないよう教育することが必要である．

　日本の大学生は主として親の資金援助に頼って学業を行っているため，社会人としての自覚が弱く，大人として成熟していない面が多分にある．大学から外に出たことのない一部の教員も学生気質を引きずっており，十分な社会人としての教育が行われていない場合がある．

　このような環境では，アカデミックハラスメント的な問題が生じることがある．学生が十分な責任感を持って行動していない場合，教員は学生の指導に困難をきたすことになる．大人としての行動ができず，修学意欲も低い学生を指導することは，かなりの根気と工夫を必要とする作業であり，往々にして学生の能力の不足を口実に指導業務からの逃避が行われる．

　学生の能力の低さや修学意欲の低さは，学生指導を十分に行うことができない場合の口実とはなりえない．学士課程および大学院課程への入学において選抜試験を実施している以上，学生の能力を云々することはできない．学生の能力が不足していると主張することは，学生の選抜方法が悪いことを主張していることである．教員自身が選抜に関与していないとしても，不適切な選抜方式をとっていることに対する連帯責任が存在する．

　学生の修学意欲が低いことについては，学生指導法に問題がないか考えてみる必要がある．学生はそれぞれ異なる気質，勉学目的を持っており，各人の状況に応じた指導を行うことが重要である．教員の指導を求める学生と教員の干渉を嫌う学生がいる．どちらかといえば，後者の学生の方が研究者あるいは社会的リーダーとしての将来性が高いが，扱い難い学生でもある．このような学生に対しては必要な指示を行った後は学生の自主性に任せる指導が効果的である．前者の学生は指導の頻度が少ないと不安を感じることが多いので，こまめに話を聞いてやる必要がある．

　学生の修学意欲を高める方法として，学生を誉めることが効果的である．学生の研究指導においては個別に実験結果に関する質疑応答を行うことが多くなるが，結果の解釈や次にやるべき作業についてはまず学生の意見を聞き，いいアイデアについて誉めることが必要である．私の場合，結果を見れば次の作業に関する構想は自動的に出てくるが，学生が意見を述べるまでは自分の意見を述べないことにしている．学生の考えがまとまっていない場合には質疑応答の

なかで答えを誘導し，出てきた方策は学生のアイデアとして実施させることにしている．この方法は，学生教育の初期段階では時間を有する作業であるが，学生に積極的に研究に取組む意欲を与えることとなり，急速に成長していくので，長期的に見ると研究指導時間の短縮と研究の質の向上につながる．

このような作業のなかで公表に値する結果が得られた場合，速やかに論文執筆指導を行うことにしている．学会発表は機会があれば行うが，主目的とはしていない．その理由は，第三者評価に耐えるための作業でなければ学生の能力の向上に大きく寄与しないことであり，審査のある雑誌に投稿して採択されることが，学生に研究者としての能力を付与する最も効果的な道であると考えているからである．

最初の論文において，第一著者として論文執筆に主体的な役割を演じる能力のある学生がまれに存在する．しかし，多くの場合は学生の研究結果を用いて論文を作成してやり，論文作成の流れを教えることになる．論文作成の効率的なやり方，データ処理の方法，文章の書き方などを学生のデータを用いて教えることにより，2報目から初稿を作成することができるようになる．この段階でも大幅な訂正を施す必要が生じるが，第一著者として査読者への対応を経験させれば論文執筆に関する基礎教育は終了する．この段階に達すると実験計画の作成にも無駄がなくなり，論理的にデータ構成を考えることができるようになる．3報目以降は論文の作成指導は学生の質問に答えるのみで任せることができるようになる．

このような指導が円滑に行われている学生では，アカデミックハラスメント問題は生じない．研究が進展しておらず，教員と学生の間に信頼関係が確立していない場合，教員が熱心に指導しようとすれば学生との間に軋轢が生じる場合がある．同じ方法で指導した場合でも，アカデミックハラスメントとして訴えられる場合とそうでない場合が生じる．セクシャルハラスメントでも同じことがいえるが，当事者がハラスメントを受けたと考えるか否かは多分に主観的なものであり，教職員と学生，教職員同士，学生同士の信頼関係の確立がハラスメント回避の重要なポイントとなる．

九州大学は大学院重点化を行い，研究中心大学としての方向性が強いが，教員は研究のために雇用されているのではないことを認識すべきである．大学教員は研究所の職員ではない．本務は教育であるが，教育貢献に関する評価が適

切に行われていない現状では，研究業績中心の選考が行われることになり，研究者としての評価が前面に出ているにすぎない。大学で高度な研究が行われていることは重要であるが，そのような研究の遂行を通じてさらに優れた能力を有する研究者や社会的リーダーを輩出することが大学の任務である。学生を研究遂行上の手駒と考える教員は優秀な研究者であっても，優れた教育者とはいえず，学生教育を任せることはできない。

セクシャルハラスメント

　セクシャルハラスメントは異性に対して不愉快な思いをさせることにより発生する。大学におけるセクシャルハラスメントにおいては，アカデミックハラスメント的要素が共存する場合が少なくないが，異性間のハラスメントはセクシャルハラスメントとして処理されることが多い。当事者は教員と学生である場合が多いが，まれに学生間でのハラスメントも起こる。その場合，ハラスメントの発生を許した研究室教員の責任も問われる必要がある。

　アカデミックハラスメントを訴えることは，研究室という閉鎖的な環境で行われた場合，非常に困難である。セクシャルハラスメントの被害者は通常女性であり，その内容によってはさらに訴えること自体が困難になる場合がある。これらのハラスメントについては，個人情報の漏洩を防ぎながら被害者が満足するような結論を導き出すことが必要となる。九州大学ではセクシャルハラスメント等防止委員会がアカデミックハラスメントも含めて対応しているが，このような委員会の活動はハラスメントの処理だけでなく，効果的な防止につながるものである必要がある。

　ハラスメントの防止には各種事例の公表が効果的であるが，個人の推測が可能な情報を公表することはできないため，具体的内容をともなう情報の開示が困難であることが防止を難しくしている。ハラスメントの発生および進展を抑制することを困難にしている原因の一つに，研究室の独立性がある。各研究室における学生指導を監視する体制や学生の苦情に速やかに対応する体制の確立が望まれる。

　九州大学では，学生生活・修学相談室が学生の相談窓口として設けられているが，ハラスメントにつながる事例の相談はまれである。ハラスメントのような深刻な事態の解決は，問題となっている研究室の周囲で行われる必要があり，

各部局において修学相談体制を整えることが必要である。ハラスメントが教員と学生の間に生じている場合，学生は教員に対する信頼感を失っていることが多い。この場合，教員中心の組織では相談に行くことができない。九州大学では，学生が学生の相談を受ける「ピア・アドバイザー制度」が一部動いているが，教職員・学生が一体となったハラスメント防止体制の確立が望まれる。

　ハラスメントの発生を防止するためには，研究室運営の透明性を確保することが重要である。一部の部局では複数指導教員制が検討されているが，学位の付与権限を複数の教員が均等に持つことは困難であり，実効性を確保するためにはかなりの工夫が必要である。研究室運営を適正化し，問題の早期発見・解決を可能にするためには，研究室の集合体である各部門において相互チェック体制を確立することが望まれる。

進路指導と就職支援

　学生の修学指導は，低年次学生についてはクラス担任が，高年次ではコース，分野，学科などで配置される担任教員が，研究室配属後は指導教員が行っている。それと平行して学生生活・修学相談室が学生の修学指導および進路相談にあたっている。しかし，それぞれの研究室で教育研究指導を行っている教員が兼任する形で修学指導を行っている現状では，教員が担当学生に十分な指導を行うことは困難である。教員が担当する学生に対して講義を行っている場合，学生は修学相談に来室するが，必ずしも講義担当教員がクラス担任に任命されていない現状では学生の修学上の問題点を早期に解決することが困難となっている。より効率的な指導体制の確立が望まれる。

　クラス担任は学生にとって身近な教員が担当することが望ましいが，修学指導業務に対する適切な評価が行われていない現状では，教員にこれ以上の努力を求めることは困難である。学生の個性を伸ばし，適切な進路選択を支援することは大学教育の重要課題の一つである。したがって，クラス担任業務の大学貢献度を高く設定し，指導能力の高い教員を優先的に配置するシステムを構築することが望まれる。

　学生の就職支援は3年次以上の高年次学生において重要となり，コース，分野，学科などで配置される担任教員と研究室の指導教員が協力して就職支援を行っている。大学全体では，就職相談室が就職セミナーの開催および個別相談

を通じて就職支援を実施している。以前は指定校制度があり，理系学部および大学院では研究室，学科などの支援が有効であったが，現在では自由応募が中心となっており，学生の資質を中心とした採用が行われている。一部の部局では大学推薦が実効性を保っているが，部局，研究室により支援体制はかなり異なるのが現状である。

　インターネットによる情報取得および応募のシステムが一般化したことにより，就職活動期間の延長が顕著となり，学生の教育に支障を来す事態が生じている。企業側でも複数の内定を獲得した学生から逃げられる事態が発生しており，時間的にも金銭的にも多くの無駄が発生している。学生の就職先を速やかに決定するためには優秀な学生を育成することが必要であるが，組織としてのコントロール体制の確立も必要であろう。企業側との対話を通じて教育プログラムの改善を行うとともに，学生採用方式の手直しを行う必要がある。

　学生と企業をつなぐ事業の一つに，インターンシップがある。これは学生が企業において一定期間実務を体験するものであるが，学生は実社会を経験することにより自分自身の社会的立場を理解し，企業における業務実態を知ることができる。この経験は学生の勉学の方向を決める上で重要であり，卒業後の就職先を決定する上で重要な情報を獲得することになる。インターネット上の情報のみでは企業の実態を把握することができず，就職後の不適応による退職，転職も増えている。インターンシップの拡大は大学教育の改善に寄与するだけでなく，学生の就職先選択の適正化に大きく寄与することが期待される。

健康科学センター

　健康科学センターは人間の健康の維持・増進を目的として設置された教育・研究機関であり，学内では学生の定期健康診断や学生の心身両面にわたる健康の維持・増進のためのサービスを行っている。学生生活において心身の不都合が生じた場合，気軽に相談および治療を受けることができる。教職員学生の日常をよく観察していただき，異常が認められた場合は健康科学センターへの受診を勧めていただきたい。学生の健康について豊富な経験を有する医師，カウンセラー，保健師，看護師などが相談・治療にあたっている。

　健康科学センターは筑紫地区に本部を置き，箱崎，馬出，六本松，大橋キャンパスに分室を置いて，学生の心身両面にわたる支援を行っている。平成17年

10月から伊都キャンパスが開校し，さらにその負担が増大したが，本センターの業務についての全学的な理解は十分ではない。最近の大学生は同学年での付き合いを中心に育ってきており，コミュニケーション能力が不足している学生が少なくない。このような学生は，大学に入学した後，勉強上の悩みを相談する相手を見つけることができず，引きこもり，休学，退学に至るケースが増えている。

このような修学上の問題を抱えた学生を支援するためには，問題の早期発見が必要である。全学教育，学部教育，大学院教育に係る教員が学生の修学指導について十分に理解し，早期にカウンセリングを行っていただくことにより学生の修学上の問題の多くを解決することが可能である。教育は教育現場の活性化によりはじめて高いレベルを達成することが可能となる。修学指導に関する情報を教育現場に利用可能な形で提供し，早期解決を図るとともに，専門家の関与が必要となった場合は速やかに健康科学センターに相談する体制を確立する必要がある。

大学の最重要業務の一つが学生の教育であり，その重要性について現場の教員が正しく認識すること，修学支援部門への効率的な支援体制を確立することが喫緊の課題である。

学生生活・修学相談室

学生の修学指導を行うため，学務部では学生生活・修学相談室を設置している。この相談室には専任教員を相談員として配置し，学生生活および修学上の問題に関するカウンセリングを実施している。また，学部および学府に相談員を置き，部局での相談体制を構築している。しかし，これらの業務の役割分担体制は必ずしも明確ではなく，十分な支援が行われているとはいえない。学生生活・修学相談室ではカウンセリング記録を残しているが，ここで培ったノウハウが部局相談員に利用可能な形で伝達されていない状況にある。学生の修学指導に関する情報が教育現場に使いやすい形で供給される必要がある。

このような情報を提供する手段として，「九州大学学生生活・修学相談室紀要」が毎年発行されているが，作成部数は限られており，全教員への配布は行われていない。細かい情報を満載した印刷物を全員に多数配布しても，その利用頻度は高いものとはならない。重要な情報，実際の学生指導に役立つ実際的

な情報を精選した学生指導マニュアルの作成が，それに投入する労力および作成コストにふさわしいものであろう。

学務部においては，「何でも相談窓口」を設けて学生の相談にあたっている。学生生活・修学相談室への相談が進路や修学体制などの教員が関係するものが多いのに対し，「何でも相談窓口」への相談は学業面の相談は比較的少なく，進学，就職，アルバイト，奨学金，課外活動など，学生生活に係る相談が主体である。したがって，教員中心の学生生活・修学相談室の活動と事務部中心の「何でも相談窓口」の活動は相補的に機能していることになる。

就職については，就職相談室が学務部を中心に学生を指導をしており，留学生については留学生センターが教員を中心に修学指導を行っている。これらの修学指導体制はそれぞれ独立して行われている感があり，相互支援体制の確立が必要であった。そこで，平成18年3月に学生生活相談連絡協議会を設置し，これらの組織の連絡を密にするとともに，有機的な連携を図ることとした。個々の組織で蓄積されてきた修学指導情報をとりまとめて関係者に配布し，修学指導体制の実質化を図ることが今後の課題である。

就職支援室

就職支援室は学務部内に設置され，事務部を中心に学生の就職支援に関するさまざまな活動を行っている。近年の就職活動は学生の個人的な努力が中心となっており，指定校制度的な推薦制は少なくなっている。その結果，学生の就職活動が長期化し，学生の勉学に支障を来す状況が生じている。また，優秀な学生は複数の内定を獲得することが多く，企業にとっては内定した学生が必ずしも入社しない場合があり，採用活動に無駄が生じている。就職支援室の活動は学生の就職先の選択および活動期間の短縮に大きく寄与しているが，大学の就職支援活動を見直す必要があると思われる。

理系の部局，特に大学院では教員の推薦による就職の内定が多かったが，最近は教員が関与できる部分が大きく制限されており，学生の自主的活動に任せる研究室が多くなっている。その分，就職支援室の重要性が大きくなっているが，大学の社会とのつながりを緊密にし，卒業生の忠誠心を確保するためには部局レベルでの就職支援体制の確立が再度必要となっている。

部局と企業を結ぶものとしてインターンシップがある。インターンシップは，

学生を企業に派遣して実務経験を付与する制度を意味しているが，本来の意味は卒後研修であり，実態とは一致しておらず，その名称は再考する必要がある。インターンシップは学生にとって社会の実態を知る上で貴重な体験となり，就職先の決定に大きく寄与する。企業にとっても，学生を2週間程度じっくり観察することにより，学生の能力，業務への適性を知ることができる。3年次あるいは修士1年次の夏季休暇にインターンシップを実施することにより，学生の進路決定および企業の人材発掘に大きく寄与することができる。

　就職支援室では，インターンシップの提携先の発掘に努力しているが，教育の現場を担う部局の協力が不可欠の作業である。部局にとっても，継続的にインターンシップを実施できる企業の数を増やすことは，学生の安定した就職先を増やすことになり，教育業務の高度化につながる。現在，工学部系の部局ではインターンシップが活発に実施されているが，他部局の実績は少ない。工学部系の部局のノウハウを他部局に伝え，大学全体としてインターンシップの拡大を図る必要がある。

　就職支援は事務部の支援のみでは不十分であり，部局での支援体制を活発化する必要がある。就職関連情報の部局への伝達および就職支援活動の統合を行

就職支援室の主な業務

1）就職等ガイダンス：企業就職希望者向けガイダンス，公務員希望者向けガイダンス，キャリア支援ガイダンス。
2）企業セミナー：学内における企業等説明会。
3）就職支援基礎セミナー：実践的就職活動のポイント，面接試験の心得と模擬面接。
4）就職フェア：就職未内定者に対する企業との面談会。
5）就職相談：外部専門家を招聘して実施。
6）就職情報室運営：パソコン，ビデオ視聴機器，就職関連資料を配置。就職相談室を併設。
7）キャリア支援・インターンシップ：キャリア教育，インターンシップ実施，学生の自己啓発プログラム実施。
8）広報・就職ガイドブック作成：ホームページ開設と情報提供，学生向け「就職の手引き」と企業向け「九州大学案内」の発行，学生ボランティアと連携した「就職活動体験集」発行。
9）国家試験対策：国家公務員試験対策講座の実施。
10）留学生の就職支援：留学生課と連携して支援。

うためには，全学的な就職支援体制を確立することが望まれる。

留学生センター

　留学生センターは，九州大学に在籍する約1100名の留学生，留学に関心がある日本人学生，留学生に関わる教職員に対してさまざまな支援活動を行っている。留学生は，日本語の能力が不十分なまま来日する場合があり，異文化への適合を円滑に行うことができない場合，修学に困難を来すことが多い。このような状況を避けるためには，留学生の教育が必要であるが，受入側の体制を整備することによって問題の発生を予防することが可能である。

　留学生センターでは，留学生が落ちこむ種々の問題について把握しており，それに対する対策についても多くの経験を蓄積している。留学生に対しては日本での生活を円滑に送るためのパンフレットを作成して配布しているが，受入教員および日本人学生向けの広報は十分ではない。九州大学の将来構想の重要課題にアジア志向が掲げられているが，適切な指導により留学生が楽しく勉学に励むことを可能にし，九州大学への留学を有意義なものにすることが重要である。

　留学生の受入においては，担当教員の負担は日本人学生の受入より大きくなることが多い。留学生指導に関するパンフレットの作成，修学指導の実質的な支援，留学生受入業務を担当することに対する正当な評価などが留学生の受入を円滑にするために必要である。留学生指導の円滑化のみを目的としたマニュアルの作成は，投入する労力に相応しいものにはなりえないと思われるが，学生指導マニュアルを作成する際，留学生指導に関わる重要なポイントを記載することは，修学指導の円滑化に大きく寄与するものと思われる。2006年3月に設置した学生生活相談連絡協議会では，修学指導マニュアルの作成を行いたいと考えている。

留学生センターの組織と役割

> 1）**日本語教育部門**：大学・大学院に入学する前の予備教育，日本語補講。
> 2）**短期留学部門**：交換留学，留学生の送り出し。
> 3）**留学生指導部門**：勉学・日常生活支援，異文化適応促進。

学生後援会

　九州大学学生後援会は，平成13年2月に九州大学学生の父母らの発意により発足したものである。学生の父母，教職員，賛助会員により構成され，学生の学業および課外活動を助成するとともに，会員相互の連帯感を強めることを目的としている。課外活動の充実，生活環境の整備により豊かな学生生活をもたらし，学生の人間形成を助長する活動を行っている。文化系および体育系サークル活動の支援，経済的理由により修学が困難になった学生への奨学金給付，研究活動が特に優秀な大学院学生に対する研究活動支援などの助成を行っている。

　父母に対しては「学生後援会便り」を発行しており，会員の親睦を深めるため，硬式テニス大会やソフトボール大会を毎年開催している。父母の参加は多くはないが，遠隔地からの参加やご夫婦での参加例も出てきている。学生後援会への入会率は必ずしも高い状況にはなく，入会率を向上させるためには学生支援を充実させるとともに，父母へのサービスの充実が理事会で議論されている。

　学生後援会の支援は，サークル活動や選ばれた学生に対する支援が中心となっており，個々の学生もしくは親に対するサービスは十分ではない。学生後援会に入会することにより，全ての会員が享受できるサービスの開始が入会率の向上に必要であると考えている。自宅から通学している学生については，親は大学の状況や子供の修学状況を知る機会があるが，遠隔地に居住する親は十分な情報を与えられていない。「学生後援会便り」は学生後援会に関する情報を与えてくれるが，大学全体に関わる情報や学生個人に関わる情報については学生本人に聞くしかない状況にある。授業料納付，奨学金制度，保険制度，就職状況など，学生の勉学や将来に関わる基本的な情報を学生および親に配布する努力が必要である。

　大学の運営は国税に依存する部分が大きいが，大学の独自性を発揮するためには自己財源を必要とする場合があり，卒業生や在校生の父母に寄付金をお願いすることになる。在学中に九州大学に対する恩義を感じることができなければ，このような寄付依頼に快く応じることはできないであろう。大学活動の基本はまず学生に対するサービスであり，このサービスには学生の親に対するサ

ービスも含まれる。また，卒業生への実質的なサービスを継続することが大学への忠誠心を培うこととなり，大学の発展への貢献に快く応じる環境を作ることになる。

参考資料1 (大学教育, 7, 81-90, 2001)

学生の授業評価と講義内容の改訂

1) 学生による講義評価実施の背景

　学生による教育活動の評価は，ファカルティーディベロップメント（FD）の重要な要素であり，教育活動の適正化に不可欠のものと考えられている。大学における講義内容の充実における学生の授業評価の必要性が叫ばれているが，その有効性については疑問視されている向きがある。平成9年4月から1年間にわたり総長補佐を勤めた際，学生の授業評価の有効性についてかなりの議論が行われたが，その効能を知るためには実際に実施することが最も効果的であると考えられた。また，平成9年度は教授昇任の年でもあり，食糧化学教室で担当している必修講義「食糧化学」を新たに準備する必要があった。本講義は，食品成分の化学を中心として，既存の「食品化学」の教科書を用いて講義が行われてきたが，近年の食品成分の生体調節機能に関する研究の急速な進展から，食品の体調調節機能に関する講義内容の充実を痛感していた。しかし，食品成分の機能と化学に関する情報を合わせ持つ教科書は市販されておらず，講義内容の選定から行う必要があった。このような状況下において，学生の授業評価は講義内容の選択に大きな判断材料を与えるものと考えられた。そこで，総長補佐会議において配布された他大学のアンケート用紙を参考にして，資料1に示したアンケート用紙を作成し，平成9年度前期に実施した講義から学生による授業評価を開始した。

　学生アンケートの対象としたのは，3年次学生を主な対象として前期に開講している「食糧化学」と後期に開講している「食糧製造化学」である。また，平成10年度後期に低年次専攻教育科目「基礎バイオテクノロジー」を開始したが，本講義は4研究室の教授および助教授が半期ごとに順次1クラスを担当する予定であったため，以後の講義内容の改訂に用いるため，私が担当した初年度の講義で学生アンケートを実施した。平成10年度に得られたアンケート結果は，引き続いて担当した教官に講義ノートとともに引き継ぎ，講義実施上の参考にしていただいた。本講義は平成12年度後期から第2ラウンドに入り，平成10年度の授業評価に基づいて改訂した講義を現在実施中である。

　アンケート結果の詳細については後述するが，学生による授業評価は学生の意見を

すべて取り入れることはできないが，講義内容の充実に有用な意見が多く，その有効性は高いとの結論を得た。「食糧製造化学」においては平成11年度から学生参加形式の講義に切り替えたため，学生の授業評価が平成9年度および10年度と平成11年度とでは比較することが困難である。したがって，今回は4年分のアンケート結果が利用

資料1　平成9〜11年度に用いたアンケート用紙

講義内容に関するアンケート用紙

科目名　（　　　　　）　　　　回答者　学科名（　　　　　）　氏名（　　　　　）

　次の質問についての回答は今後の講義内容の改定に非常に役に立ちます。今回の講義の評点には全く影響しないので，遠慮の無い意見を聞かせて下さい。さらに意見を聞きたい場合に備え，記名して貰えると有難いですが，無記名で出して貰っても結構です。
　評価は5段階評価（たとえば，1：悪い，2：あまり良くない，3：普通，4：比較的良い，5：良い）で記入して下さい。

A）講義内容について
1. 興味の持てる内容でしたか……………………………………………（　　）
2. この講義は必修課目に値すると思いますか…………………………（　　）

3. 不必要と思われる講義内容をあげて下さい
（　　　　　　　　　　　　　　　　　　　　　　　　　　　　　　）
4. 取り入れて欲しい講義内容をあげて下さい
（　　　　　　　　　　　　　　　　　　　　　　　　　　　　　　）

B）講義の進め方について
1. テキストは読みやすかったですか……………………………………（　　）
2. 講義資料（プリント，スライドなど）は十分でしたか……………（　　）
3. 説明が明快で解りやすかったですか…………………………………（　　）
4. 講義のポイントは明……………………………………………………（　　）
5. 黒板の文字は読みやすかったですか…………………………………（　　）
6. 声は良く聞こえましたか………………………………………………（　　）
7. 学生の理解度に対する配慮が伺えましたか…………………………（　　）
8. 講義の準備が十分なされたと思いますか……………………………（　　）
9. 講義環境（私語，遅刻など）に留意されていましたか……………（　　）

C）その他，講義の問題点について自由に記載して下さい。

可能であり，ほぼ同一の内容で評価することができる「食糧化学」に関するアンケート結果についてまとめた。

また，平成12年度には学生による授業評価が大学評価の重要項目となり，組織的な

資料2　平成12年度後期に農学部で用いた学生アンケート用紙

講義内容に関するアンケート用紙

科目名：　　　　　　　　　　　　科目コード番号：
学部名（該当する番号を右の括弧に記入して下さい）
　1：農，2：文，3：教，4：法，5：経，6：理，7：工，8：医，9：歯，10：薬
　………………………………………………………………………………………………
　　（　　　）

A）あなたの講義に対する取組みについて（該当する番号を右の括弧内に記入して下さい）
1. 講義の欠席回数を書いて下さい
　（1：4回以上，2：3回，3：2回，4：1回，5：0回）……………………（　　　）
2. 講義の予習あるいは復習を行いましたか
　（1：やらなかった，2：あまりやらなかった，3：やった，4：よくやった，5：毎回やった）……………………………………………………………………………（　　　）

B）講義の内容および進め方について（評価は，1：悪い，2：あまり良くない，3：普通，4：比較的良い，5：良い　のように，5段階評価で記入して下さい）
1. 満足できる内容でしたか………………………………………………………（　　　）
2. 本講義のシラバスは講義の選択に有効でしたか……………………………（　　　）
3. 講義はシラバスに沿って行われましたか……………………………………（　　　）
4. 講義資料（例えばテキスト，プリント，スライドなど）は十分かつ読みやすかったですか……………………………………………………………………………（　　　）
5. 説明は明快で解りやすかったですか…………………………………………（　　　）
6. 黒板の文字は読みやすかったですか…………………………………………（　　　）
7. 声は良く聞こえましたか………………………………………………………（　　　）
8. 学生の理解度に対する配慮が伺えましたか…………………………………（　　　）
9. 講義環境（私語，遅刻など）に留意されていましたか……………………（　　　）
10. 講義時間（開始時刻と終了時刻）は守られましたか………………………（　　　）

C）その他，講義の内容あるいは進め方に関する問題点および改善に関する意見などを自由に記載して下さい。

授業評価の実施が必要となった。平成11年度までに使用したアンケート用紙は，講義内容の改訂を目的として個人的な試行を行うために用いていたものであるので，学部教官全員が使用するには不適切な項目が存在していた。農学研究院として学生の授業評価を実施するためには，新しくアンケート用紙を作成する必要があり，その作成を農学部学務委員会が担当した。その際，学生アンケートの速やかな実施を優先するため，アンケート用紙の修正は必要最低限に留めることとし，その充実は第1回アンケートの実施結果に基づいて行うことにした。学務委員会では，平成12年4月からアンケート実施に関する討議を開始し，全教官の意見を求めた後6月にアンケート用紙の第一次案を作成した。本格的な使用に先立ち，この第一次案を幾人かの教官により試用することとし，平成12年度前期の講義で学生アンケートを実施したが，とくに問題点は見いだされなかった。後述するアンケート結果で平成12年度結果として掲げられているのは第一次案を使用して得られたものであり，ここではシラバスの利用に関する設問が追加されている。この試用結果を参考にして若干の修正を加えた最終案が資料2に示したアンケート用紙である。ここでは，学生の講義に対する姿勢を問う項目がさらに追加されている。

2）アンケート結果の解析

前述したように，食品の機能と化学に関する適当な教科書が存在しないため，本講義は講義内容に関するテキストを事前に配布し，口述および板書により講義のポイントを学生に伝える形式で行った。また，講義終了時に関連分野における周辺知識を問う小テストを実施することにより出席点を付与するとともに，正答者には出席点を付加することとした。さらに，学生の積極性および表現力を高めることを目的として，事前配布テキストを用いた講義の予習を推奨するとともに，学生の質問を随時受け付ける形式で講義を行うこととした。

本講義は，農学部食糧化学工学科（学部改組により応用生物化学コース食糧化学工学分野）の42ないし43名の学生に加えて，若干の他学科あるいは他学部所属の学生が受講している。アンケート用紙は最終日の講義終了時に学生に配布して退席し，記入を終了した用紙をクラス総代が取りまとめて持参する形式をとった。記名の有無については平成9年度の初回アンケート実施時に学生と相談し，記名提出でも自由な意見を記入するとの返事を得たため，記名形式で提出してもらいアンケート提出者に出席点に加点することとした。

2-1. テキストについて

表1　平成9～12年度アンケートにおける評点の推移

質問	9年度	10年度	11年度	12年度
興味の持てる内容でしたか	3.6	4.1	4.0	4.1
本講義のシラバスは講義の選択に有効でしたか	—	—	—	3.4
講義はシラバスに沿って行われましたか	—	—	—	3.6
この講義は必修課目に値すると思いますか	4.0	4.2	4.1	—
テキストは読みやすかったですか	3.3	4.3	4.4	—
講義資料（テキスト，プリント，スライドなど）は読みやすかったですか	—	—	—	4.2
講義資料（プリント，スライドなど）は十分でしたか	3.3	3.9	3.9	—
講義資料（テキスト，プリント，スライドなど）は十分でしたか	—	—	—	4.2
説明が明快でわかりやすかったですか	3.6	4.3	3.8	4.1
講義のポイントは明瞭でしたか	3.3	4.3	3.8	3.8
黒板の文字は読みやすかったですか	3.0	4.0	4.2	4.0
声は良く聞こえましたか	4.3	4.5	4.2	4.1
学生の理解度に対する配慮が伺えましたか	4.2	4.6	4.4	3.7
講義の準備が十分なされたと思いますか	4.1	4.5	4.3	4.0
講義環境（私語，遅刻など）に留意されていましたか	3.8	3.7	3.8	3.6
平均	3.7	4.2	4.1	3.9
回収アンケート数	43	47	54	63
自由意見記入者数	36	26	44	54

　平成9年度から12年度におけるアンケート結果のうち，評点部分の集計結果を表1に，自由意見の内容を表2に示した。平成9年度の講義テキストは，文章化のみのものと各種教科書等から抜粋した図表を切り貼りしたものを併用したが，初年度の講義では十分な準備が出来ておらず，学生の興味を引き出すには不十分な内容となった。学生の評点も当然ながら低いものであり，講義内容の全面的な改訂が必要であることを認識させることとなった。その最大の問題点はテキストの印刷枚数を節約するため，10ポイントの活字を用いてシングルスペースで記載していたため，かなり読みにくいこと，メモスペースが全く無いことにあった。また，文章化したテキストと資料が別々に配布されたため，その関連がつかみ難いという問題があった。そこで，次年度より行間を拡げること，関連情報を表にまとめてテキストに挿入すること，図をスキャ

ナーで取り込みテキストに貼り込みテキストを一本化することなどの改訂を行った。それによってテキストに対する評価は上昇し，自由意見欄での不満も減少した。しかし，記入スペースの確保と図の充実に関する要求は平成10年度においてもかなり強いものがあり，その後も新たな図の挿入などによる改訂を進めた。これは，現在の学生層は活字よりもイメージに親近感を感じており，講義内容を理解させるためには図を多用する必要があることを示している。

2－2. 講義の進め方について

　講義の進め方については「説明が明快でわかりやすかったですか」および「講義のポイントは明瞭でしたか」の2つの項目について質問を行ったが，平成9年度の評価は芳しいものではなかった。自由意見欄で最も問題とされたのは，講義が単調であること，重要なポイントが明確に話せていないことであった。初年度はテキストの作成に大きな労力を必要としたため，講義の実施について十分な準備ができなかったことがその原因であった。平成10年度はテキストの部分的な改訂を実施したが，講義前にその進め方について考える時間的余裕が生じたため，実施に関する評点は向上している。

　しかし，平成11年度にこれらの項目の評点が低下し，平成12年度においても必ずしも好転しなかった。平成9年度から11年度まで使用したアンケート用紙には不必要と思われる講義内容および取り入れて欲しい講義内容について尋ねているが，一部の学生はこれらの項目に意見を記載していた。その内容は「食糧化学」という講義に関する特殊な情報であるので，自由意見を取りまとめた表2には記載していないが，学生の意見に基づいて毎年テキストを改訂し，講義内容の変更・充実を行ってきた。その結果，平成11年度以降は教えるべき項目が多すぎるため，講義のスピードが速すぎて理解しにくいとの問題が生じた。平成9年度および10年度にも講義スピードが速すぎるとの意見があったが，これはOHPスライドを用いて講座の研究動向を説明した際の説明が速すぎたことが主として問題にされており，講義全般のスピードについては大きな問題は提出されていなかった。平成11年度および12年度はスライド講義を実施しておらず，この両年については講義すべき内容の取捨選択が甘く，講義を急ぎすぎたことが評点を低下させた原因であると思われる。一方，平成11年度には講義の進度が遅いとの指摘も認められた。これは，予習を行っている学生とそうでない学生では講義に対する評価が全く異なることを示しているものと思われる。

表2 学生の自由意見の年次推移

学生の自由意見一覧	9年度	10年度	11年度	12年度
テキストが配布されたのが良かった。	1	1	—	4
テキストの書き込みスペースが足りない。	7	1	2	—
テキストに図表を入れて欲しい,増やして欲しい。	6	3	—	—
講義のスピードが速すぎた。とくにスライド講義。	3	3	6	3
講義の進度が遅い。	—	—	1	—
最初の講義で目的・計画を明確にして欲しい。	1	—	1	1
最初の講義で全て説明されたので学習しやすかった。	—	—	—	1
興味ある内容だった。	1	—	8	15
生活に密着した内容にして欲しい。	1	—	1	—
生活に密着した内容でわかり易かった。	1	1	—	2
企業等で実際に行われていること,新しい発見などについて教えて欲しい。	—	2	2	2
講義が単調。重要なポイントをより明確にして欲しい。難しい所を丁寧に教えて欲しい。	6	1	4	4
雑談をまじえて面白くして欲しい。	1	—	1	—
雑談の内容が良かった。	1	—	—	—
講義でしか学べない内容を聞きたかった。	1	2	—	—
同じような話題が多かった。	1	—	—	—
講義の内容がどのように生かされるのか教えて欲しい。	—	—	1	—
専門分野の話は難しすぎた。	—	—	1	—
板書の量を増やして欲しい。	1	2	2	—
板書の量を減らして欲しい。	—	—	—	3
板書の文字を大きくして欲しい。	1	1	—	—
わかり易く板書して欲しい	2	—	—	—
赤および青チョークは見にくいので避けて欲しい。	—	—	—	1
講義中に質問できたのが良かった。	1	4	6	—
講義中に質問を受ける必要はない。	—	1	—	2
小テストが役に立った,面白かった。	1	2	3	7
小テストは正解の出易いものにして欲しい。	—	1	—	2
小テストの内容を講義と関係のあるものにしたら良い。	—	—	1	—
レポートの内容に関する講義が聞きたかった。	—	1	1	—
私語をやめさせて欲しい。	2	—	—	—
遅刻者に対して厳しくして欲しい。	—	—	—	1
アンケート結果を学生に知らせて欲しい。	—	—	—	1

2-3. 講義内容について

　講義の目的，内容，予定，実施，試験の方法等については初回講義に説明を行っているが，必ずしも学生に理解されてはいないようであり，最初の講義でこれらの情報を明確にして欲しいとの意見がほぼ毎年見いだされた。一方，最初に説明があったので学習しやすかったとの意見もあり，どう対処すべきか迷うところである。講義の内容については，生活に身近な話題，企業で実際に行われていることに関すること，最新の科学的成果，講座の研究動向など，教科書には記載しにくい情報を学生は求めていることが自由意見欄から明らかとなった。「食糧化学」は改組以前の食糧化学工学科の学生にとっては必修科目であり，すべての講義科目が選択扱いとなった改組後も必修に準じる講義として考えられているので，講義内容の大幅改定は実施しにくい科目である。このような状況下で学生の希望に答えるためには，テキストを充実して大部分の項目については読めば理解できるように準備し，重要なポイントに絞って講義中に説明する方法を取らざるを得ない。しかしながら，学生の希望は千差万別であり，学生の予習の程度もそれぞれ異なるので，すべての学生が満足できる方式は存在しない。講義する側にとってはどのレベルの学生に焦点を合わせて講義するかを明確にしなければ，すべてのレベルの学生にとって不満を感じさせることになると思われる。

2-4. 板書および声の大きさについて

　板書の量は多すぎても少なすぎてもいけない様である。テキストを充実することにより口述による講義を中心にすることが可能となったが，口述中心では学生は退屈してしまう。したがって，適度な量の板書が必要となる。平成12年度に板書の量を減らして欲しいとの意見が多く認められているが，これはノートに書くべき量が多すぎたこともあるが，講義のスピードが速すぎて板書の内容をノートに書いているうちに講義が先に進んでしまったことに問題があった様である。

　板書が読みやすかったかに関する評点は，平成9年度は低かったが，平成10年度以降は改善している。平成9年度の自由意見で記載された，字を大きくして欲しいこととわかりやすく記載して欲しいとの要望に留意した結果と思われ，平成10年度以降はこれらに関する意見はほとんど認められなくなった。講義の重要なポイントを示すため，白中心のチョークに適宜他の色のチョークを用いて板書してきたが，赤および青チョークが学生側から見にくいことを学生の自由意見により初めて認識することができ，以後は白チョーク中心で板書することとした。

　声の大きさは元々大きいため，平成9年度からかなり高い評点を得ているが，平成11および12年度にかえって評点が下がっている。これは講義内容の増加により話すス

ピードが上がりすぎたことに原因があるように思われる。

2－5. 講義中の質問について

　九州大学の学生は一般におとなしく，就職試験等において積極的に発現できないことが多いことを各種企業の人事担当者あるいは卒業生から聞かされてきた。また，科学者あるいは各分野でのリーダーとして成長するためには，自分の意見を積極的に発言する習慣を培うことが重要である。そこで，平成9年度は講義中の質問については出席点に加点することとし，若干の質問を得ることができた。しかし，加点を行うことによりかえって質問意欲を失った学生が存在したため，次年度以降は加点をとりやめた。学生の質問内容は必ずしもレベルの高いものとは限らないので，講義時間を割いてまで質問を受ける必要はないとの意見もあったが，疑問点をその場で質問できることについては評価する学生の方が多かったので，講義中の質問はその後も奨励することにしている。設問部分では「学生の理解度に対する配慮はうかがえました」が質問の奨励と関連しているが，この評点は平成9年度から高い水準にあったのに対し，平成12年度にかえって低下している。これは前述したように講義内容が増えすぎた結果，講義時間が不足したことが関係していると考えている。

　講義中の学生の質問を誘導するためには，講義の雰囲気作りが重要である。受講者数40名以上の大人数講義では最初の質問がなかなか出てこない。また，他大学での集中講義等において，会議室形式で講義を行うことにより大学院学生のみならず，学部学生にも講義中の質問を誘導することが可能であることを経験している。教壇に立って座っている学生に講義する通常の形式では，学生は教官を見上げる形となり，質問するためにはかなりの気力を奮い起こす必要があるようである。したがって，質疑応答を十分に行うためには教官と学生の目の高さを揃えることが望ましい。また，多数の学生の前で質問することの気おくれも感じる様であるので，受講者数は少ない方が質問は出やすい傾向にある。

　そこで，より少人数での講義が可能である選択科目「食糧製造化学」において，学生による発表と質疑応答を取り入れた講義を平成11年度後期の講義で試行した。この講義は，事前配布したテキストに基づいて学生の希望も聞きながら講義担当項目を各学生に割り当て，各自予習した内容で残りの学生に対して講義を行い，質疑応答をうける形式で行った。学生は10分程度の講義を行い，講義内容に関する質問に答えなければならない。教官は他の学生とともに学生用の机で担当の学生の講義を聞き，講義不十分な点について補足するとともに，担当学生では答えきれない質問についての解説を行う。この方式は，学生間での活発な議論を誘導することができ，学生にも高い

評価を得ることができた。しかしながら，平成11年度は38名が受講したため，一人当たりの持ち時間が少なすぎるという問題点が認められた。そこで，平成12年度後期には受講者数を30名に制限して講義を実施中であり，さらに活発な議論が展開されている。この講義では期末試験は行わず，出席点と質問回数に基づいた学生の評価を行っている。出席点1ポイントに対して，質問は1回当たり1ポイントを与え，質問重視の評価を行っている。講義は各人1回しか実施できないが，内容，準備の程度，質疑応答への対応などに対する評価は行っておらず，均一に10ポイントを与えている。また，レポートについても内容にかかわらず一律10ポイントを与え，これらのポイントの合計点に基づいて最終評価を行っている。

2－6. 小テストについて

　私が担当する講義においては，単なる暗記能力は重視しないので，レポートを含む出席点の評点が3割近くを占め，期末試験の重要度が相対的に低くなっている。すなわち，講義への出席およびレポート提出により基礎点を与え，期末試験結果を加味して合否を決定している。したがって，毎回出欠をとることとしているが，「基礎バイオテクノロジー」のように70名を超える講義では氏名読み上げ式での出欠は時間の無駄となる。そこで，講義開始時に次回以降に用いるテキストを事前配布するとともに，出欠記入用の小さな用紙を毎時間配付し，講義終了時に簡単な問題を出して回答させている。正解者には加点することとし，次回の講義の冒頭に正解を示すとともに，解説を加えている。小テスト内容については，講義内容に密着したものにして欲しいとの要望があるが，テキスト事前配布形式で予習重視の講義を行っている場合は，講義内容に近い設問を行うことは困難である。現在は，社会的に重要と考えられるトピックを新聞記事から選んだり，生命化学や食品学の基礎的事項を選んで設問を行っている。自由意見記載結果から判断すると小テストの実施は好意を持って迎えられているようである。

2－7. レポートについて

　学生に社会性を喚起する手段として，すべての講義で必ずレポート提出を義務付けている。平成9年度および10年度は学生自身の食生活レポートおよびそれに対する自己評価を記載させ，食生活の適正化の重要性を認識させることとした。近年必ず出題しているのは講義内容に関連する記事を新聞・雑誌等から選び，400字以内で記事を要約し，400字以内で自分の意見を記載させるものである。それによって，講義内容に関連する社会状況が把握できること，獲得した情報を要約させることにより文章力

が向上すること，自分の意見を書かせることにより思考力および表現力が高まることを期待している。これらの目的を達成するためには，学生のレポートを正しく採点・評価して，評価結果を学生に知らせるとともに，レポート内容に関する議論を講義の中で行うこと重要である。しかしながら，研究および行政業務にかなりの時間を割かざるを得ない現状ではレポート内容の評価に費やす時間が得られないことが残念である。また，講義時間が90分に短縮され，13回程度の講義がやっと実施可能な状況ではレポート内容に関して議論する時間も取りづらい状況にある。現在は，レポート提出者に同一の評点を与えており，学生の努力に報いているとは言えない。学生側からもどのようなテーマでレポートが提出されているかを知りたいとの要望があり，今後の対応が必要な問題である。

2-8. 教室運営について

　講義環境の配慮については，平成9年度から12年度まで，必ずしも高い評点は得られていない。講義中の私語については，平成9年度に私語をやめさせて欲しいとの意見が提出されたこともあり，担当するすべての講義で私語は禁止することとし，必要な場合退室させることとしている。しかしながら，遅刻者についてはとくに指導を行っていないため，平成12年度には遅刻者に対して厳しくして欲しいとの意見が提出されており，今後の対応を考える必要がある。

　その他の問題点として意識しているのは講義中の飲食である。講義室への飲料の持ち込みを最初に発見した際，学生に注意するとともに学科会議で注意を喚起したが，他の教官から学生にも事情があるのでそのような強制は好ましくないとの意見が出たため，その後の対応がかえって不自由なものとなってしまった。大学を教育の場として成熟させるためには学生の希望を取り入れることは不可欠と考えているが，基本的マナーを守らせることも教育上重要なポイントであろう。講義環境の整備は各講義担当教官に一任されているのが現状であるが，講義実施に関わる重要な事項については一致した対応を行うことが必要であり，講義実施に関する基本的な事項についてはある程度のコンセンサスを得る必要があろう。

3）学生アンケートを実施して

　この4年間に実施した学生アンケートにおいて，講義内容，講義実施法，教室運営法などに関する多くの貴重な意見を得ることができた。アンケート用紙を配布して行った意見聴取だけでなく，期末試験実施時や講義の出欠票への記入により学生の意見の聴取を行った場合もあったが，いずれの場合も多くの学生による協力を得た。しか

しながら，すべての学生が真剣に解答した訳ではなく，すべての設問に対して同一の評価を機械的に記入しただけのアンケートも多く認められた。このような学生は自由意見欄に意見を記入することはほとんどない。講義内容の改訂で最も役にたつのは自由意見欄であり，かなり辛口の意見もあるが，そのような意見こそ貴重であり，自由に意見をだせる雰囲気を作ることが肝要である。

　しかしながら，学生の意見を尊重するだけでは満足な講義を行うことはできない。学生の関心の有無に関わらず教えるべきことは教えなければならない。また，一部の学生は単位の取りやすい講義に高い評価を与える傾向があるといわれている。したがって，学生による評価を教官の評価に用いる場合には割り引いて考える必要がある。なぜなら，学生の将来を考慮して，真剣かつ厳格に講義を行っている教官の評価が不当に低く見積もられる恐れがあるからである。学生による講義評価は，教えられる側の学生の意見を講義内容に反映させ，教育効果を高める上で効果的であるが，教育システムの一環として働いている教官の評価においてはその一面を評価しうるにすぎない。

　FDの一環として教官の業績評価が今後幅広く実施されていくものと思われる。従来行われてきた評価は研究中心であり，教育および行政面への貢献は数値化しにくいことから軽視されてきた。このような教育面での貢献の軽視は，一部の教官に教育を軽視する風潮をもたらしている。これまでに聴取した学生の意見のなかには，教官に対する不信感を示すものがかなりあり，「このようなアンケートが本当に役に立つのか」という意見がかなり認められた。また，他の講義についての意見であるが，「学生の前ではいやいやながらやっているという素振りを見せて欲しくない」という意見もあった。このような学生の意見が出てくる背景には，教官の業績が研究中心で評価されているため，教育は研究時間を割いて実施しなければならない義務的なものであるとの考え方があると思われる。次の世代を担うべきリーダーや研究者を育てるための教育業務は非常に重いものであり，教育面での貢献は現状より高い評価を受けるべきである。大学教官としての業務においては，教育，研究，行政事務が同等の重要性を持っていると考えるべきであり，それらを評価する客観的評価システムの確立が急務となっている。

参考資料2

九州大学農学部における学生の授業評価結果（抜粋）

1. 学生による授業評価の背景および実施

　学生による教育活動の評価は，ファカルティーディベロップメント（FD）の重要な要素であり，教育活動の適正化に不可欠のものと考えられている。大学における講義内容の充実における学生の授業評価の必要性が叫ばれているが，その有効性については疑問視されている向きがあった。学生による授業評価の有効性を明らかにするためには，実際に実施することが重要であることから，九州大学農学部においては平成9年度から一部教官により学生の授業評価の試行が開始された。その結果，講義に対する学生の要望を知ることができること，とくに自由意見欄に記載された評価結果が講義内容の改善に役立つことが確認された。

　さらに，平成12年度には学生による授業評価が大学評価の重要項目となり，九州大学においても組織的な授業評価の実施が必要となった。平成11年度までに使用されたアンケート用紙は，講義内容の改訂を目的として一部教官が個人的な試行を行うために用いられたものであり，学部教官全員が使用するには不適切な項目が存在していた。農学研究院として学生の授業評価を実施するためには，新しくアンケート用紙を作成する必要があり，その作成を農学部学務委員会が担当した。その際，学生アンケートの速やかな実施を優先するため，アンケート用紙の修正は必要最低限に留めることとし，その充実は第1回アンケートの実施結果に基づいて行うことで意見の一致をみた。学務委員会では，平成12年4月からアンケート実施に関する討議を開始し，全教官の意見を求めた後，6月にアンケート用紙の第一次案を作成した。本格的な使用に先立ち，この第一次案を数人の教官が試用することとし，平成12年度前期の一部の講義で学生アンケートを実施したが，とくに問題点は見いだされなかった。この試用結果を参考にして若干の修正を加えた最終案が平成12年度後期および13年度前期の授業評価に用いられた。

　本アンケート用紙の作成において，以下の項目について議論され，最終案を決定するに至った。まず，評価結果は何らかの形で数値解析を行う必要があることから，5段階評価による点数記入方式をとることが決定された。評価結果の取りまとめ方式についても議論が行われ，数値評価部分の入力は外注することが決定され，コスト削減のため質問項目数は必要最小限に留めることとした。また，アンケートは無記名方式

をとることとし，入力・集計作業の都合上，科目名に加えて科目コード番号記入欄を設けることとした。質問内容においては，農学部開講講義の受講者の範囲を明らかにするため，学生の所属を記入する欄を設けることとした。また，学生の講義に対する準備の程度を知るため，講義に対する取組みに関する質問がAグループとして2問採

資料1　平成12年度後期に農学部で用いた学生アンケート用紙

講義内容に関するアンケート用紙

科目名：　　　　　　　　　　　　科目コード番号：
学部名（該当する番号を右の括弧に記入して下さい）
　　1：農，2：文，3：教，4：法，5：経，6：理，7：工，8：医，9：歯，10：薬（　　　）

A）あなたの講義に対する取組みについて（該当する番号を右の括弧内に記入して下さい）
1. 講義の欠席回数を書いて下さい
　（1：4回以上，2：3回，3：2回，4：1回，5：0回）……………………（　　　）
2. 講義の予習あるいは復習を行いましたか
　（1：やらなかった，2：あまりやらなかった，3：やった，4：よくやった，5：毎回やった）　　　　　　　　　　………………………………（　　　）

B）講義の内容および進め方について（評価は，1：悪い，2：あまり良くない，3：普通，4：比較的良い，5：良い　のように，5段階評価で記入して下さい）
1. 満足できる内容でしたか……………………………………………（　　　）
2. 本講義のシラバスは講義の選択に有効でしたか…………………（　　　）
3. 講義はシラバスに沿って行われましたか…………………………（　　　）
4. 講義資料（例えばテキスト，プリント，スライドなど）は十分かつ読みやすかったですか　　　　　　　　　　　………………………………（　　　）
5. 説明は明快で解りやすかったですか………………………………（　　　）
6. 黒板の文字は読みやすかったですか………………………………（　　　）
7. 声は良く聞こえましたか……………………………………………（　　　）
8. 学生の理解度に対する配慮が伺えましたか………………………（　　　）
9. 講義環境（私語，遅刻など）に留意されていましたか…………（　　　）
10. 講義時間（開始時刻と終了時刻）は守られましたか……………（　　　）

C）その他，講義の内容あるいは進め方に関する問題点および改善に関する意見などを自由に記載して下さい。

用された。Bグループは講義の内容および進め方に関する質問であり，最終的に10個の設問が選択された。まず，講義に対する満足度を問い，続いて本アンケート用紙を作成する時点で問題となっていたシラバスに関する設問が2問選択された。設問4から8の5問は講義の実施に関するものであり，9および10の2問は講義環境に関する設問が選択された。

　アンケートの実施方式については，授業担当教官以外の人間により実施されることが好ましいが，それに必要な人的資源を供給できないことから，授業担当教官が講義の最終日に配布して，記入させ，それを取りまとめて学生掛に提出してもらうこととした。自由意見結果については入力に膨大な時間とコストを必要とすることから集計の対象とはしなかったが，平成13年度前期授業評価を終了した時点で各教官にそれぞれの講義に対して提出された自由意見を取りまとめて学生掛に報告することをお願いした。これらの作業を通じて，各講義においてそれぞれの設問に対する学生の評価結果の平均点を計算し，Bグループの10個の設問に対する平均点の平均値を用いて学生評価の高低を比較することが可能となった。自由意見の集計および報告を行った教官の割合は低いものであったが，講義内容の改訂に寄与する意見が多く提出されており，各教官の講義設計に寄与しうるものと思われた。

　本評価結果の利用については，各教官の講義内容の改訂に寄与するために実施するものであり，今回の結果は個人評価に使用しないことを明言して授業評価を実施した。したがって，定年退官が近く予定されている教官は，授業評価実施の対象から除くこととした。評価結果の集計等に少なくとも2年の歳月を要することが予想されたため，定年まで3年以内の教官が対象外となった。評価結果は，講義名および教官氏名を記載しない形で集計結果を各教官に配布し，当該教官の順位は個別に通知することとした。数値の入力を終えたアンケート用紙は当該教官に返却して講義内容の改訂に利用していただくことにしたが，今後の情報公開に備えて5年間の保存をお願いした。

2．評価結果

2．1）受講者

　表1に，平成12年度後期および13年度前期の農学部講義における受講者数の学部別比較について示した。いずれの場合も95%前後が農学部学生であり，理学部学生が3%前後受講していた。それに続いて受講者が多かったのは経済学部および文学部であり，片粕キャンパスの医，歯，薬学部からの受講者はなかった。なお，他学部学生の受講が多い「農学入門」は10名の教官によるオムニバス形式で行われているため，

本調査の対象とはしなかった。

表1．平成12年度後期および13年度前期における農学部講義受講者数の学部別比較

所属学部	平成12年度後期 学生数	平成12年度後期 比率（%）	平成13年度前期 学生数	平成13年度前期 比率（%）
農学部	4286	93.89	1721	96.20
文学部	41	0.90	16	0.89
教育学部	3	0.07	0	0
法学部	2	0.04	1	0.06
経済学部	61	1.34	1	0.06
理学部	146	3.20	40	2.24
工学部	21	0.46	1	0.06
医学部	0	0	0	0
歯学部	0	0	0	0
薬学部	0	0	0	0
無回答	5	0.11	9	0.50
合　計	4565		1789	

　今回の調査結果で問題であったのは，平成12年度後期の調査では4565通のアンケート結果が回収されたのに対し，同規模で講義が実施されたと思われる平成13年度前期には1789通（初回の39％）しか回収されなかったことである。講義別では，平成12年度後期では延べ112名の教官からアンケート結果が提出されたのに対し，平成13年度前期では延べ53名（初回の47％）にすぎなかった。これは，学生による授業評価に対する教官の消極性を物語っている。平成13年度前期の終了直前のアンケート実施時期には平成12年度の集計結果が各教官に通知され，アンケート用紙は返却されていたが，12年度後期に授業アンケートを実施した教官の多くが13年度前期には実施しなかったことが明白であった。学生の授業評価は安易に流れる傾向があり，単位を取りやすい教官に高い評価を与えることも予想される。したがって，授業評価は学生による授業評価だけでなく，教官相互の評価および講義内容の重要さを考慮して決定されるべきである。しかしながら，学生の希望を全く反映しない講義は問題であり，改善に努める必要がある。学生の授業評価結果をそのまま教官の個人評価に用いることは謹まなければならないが，教育改革の一環として行われる授業評価への参加の有無については厳しく評価すべきである。

2. 2) 学生の講義への取組み

表2. 学生の欠席回数

欠席回数	平成12年度後期 学生数	比率（%）	平成13年度前期 学生数	比率（%）
4回以上	231	5.06	41	2.29
3回	360	7.89	98	5.48
2回	505	11.06	147	8.22
1回	862	18.88	273	15.26
0回	2601	56.98	1222	68.31
無回答	6	0.13	8	0.45
合計	4565		1789	

　表2に学生の欠席回数を，表3に学生の予習復習頻度に関する集計結果を示した。無欠席の学生の割合は平成12年度後期および平成13年度前期のいずれにおいても50%を越えており，欠席回数1回を合わせると80%前後の数値を与えた。一方，予習復習に関しては「やらなかった」および「あまりやらなかった」学生が80%以上を占めており，まじめに出席するが真剣に勉学に励んでいない状況を如実に表わしているようである。平成13年度前期の無欠席学生の比率が平成12年度後期よりかなり高くなっているが，平成13年度前期ではアンケート実施率が大幅に低下しており，この差が講義内容の改善あるいは学生の意識変化を反映しているものとは考えにくい。学生の授業評価を含め，大学改革に協力する教官は概して講義内容においても高い評価を得ることが多いので，母集団の変化の影響がより大きいものと思われる。

　ここで認められる問題点は，単位取得に予習復習を必要としないことであり，予習

表3. 学生の予習復習の頻度

予習復習	平成12年度後期 学生数	比率（%）	平成13年度前期 学生数	比率（%）
やらなかった	1908	41.80	790	44.16
あまりやらなかった	1928	42.23	713	39.85
やった	509	11.15	221	12.35
よくやった	131	2.87	35	1.96
毎回やった	77	1.69	23	1.29
無回答	12	0.26	7	0.39
合計	4565		1789	

復習をほとんど行わなかった学生の多くが単位を取得したと思われる点にある。週休2日制への移行や講義時間の90分への短縮などによる講義時間数の減少が講義内容のレベル低下を招いているとの議論がある。しかしながら、レベルの維持は予習復習を前提とした講義を設計することにより対応可能と思われる。講義内容の充実に最も寄与するのは教官の講義に対する熱意であり、そのような講義に正しい評価を与えることにあると思われる。

2．3）授業内容の点数評価

表4および5に平成12年度後期および平成13年度前期のB項目集計結果を示した。表6および表7には科目名および担当教官別でA項目およびB項目の平均値を示し、B項目については10項目の平均値を求め、得点順に配列した。

今回の調査で最も問題であったのはシラバスの評価に関するものであった。表4および5の全体集計においても無回答の比率が高く、シラバスを読んでいない学生がかなり多いことが推察された。一部の講義ではシラバスに関するB－2およびB－3の設問がいずれも0点となっており、担当教官が解答する必要なしと指示されたケースが存在したものと思われる。今回の集計で問題であったのはシラバス関連項目を点数評価の対象としたことであり、一部の講義で両項目ともに0点の評価を得たことにより全体評価が大きく低下したことである。次回にシラバス関連の設問を採用する場合、

表4．平成12年度後期のB項目集計結果

項　目	学生数						平均点
	無回答	1	2	3	4	5	
満足度	3	64	337	1751	1485	925	3.63
シラバスの有効性	251	92	344	2899	616	363	3.01
シラバス通りの講義	252	35	171	2866	760	481	3.16
講義資料	36	92	580	1473	1421	963	3.54
説明の明快さ	8	114	562	1512	1455	914	3.54
板書の文字	39	128	672	1706	1141	879	3.41
声の大きさ	3	107	292	1132	1317	1714	3.93
学生の理解度の配慮	3	150	571	1811	1219	811	3.43
講義環境の留意	11	55	290	2313	1099	797	3.50
講義時間の順守	4	56	205	1583	1111	1606	3.87
平均値							3.50

1．悪い，2．あまり良くない，3．普通，4．比較的良い，5．良い

A項目に配置することが得策であると考えられた。

　その他の項目については大きな問題は認められなかった。平成13年度前期に平成12年度後期と比べて全項目の得点の平均値が3.50から3.57に上昇しているように見えるが，前述したように母集団の大きさが異なるのでこの差に意味はないものと思われる。今回の評価結果で，平均点より高い数値が得られたのは「声の大きさ」および「講義時間の順守」であった。前者については，評価5の教官の割合が高いことが高得点につながっており，評価5が最大頻度を与えた数少ない例であった。後者については，評価3と評価5にピーク値が得られており，時間順守型とそれ程でもない教官の2つの集団が存在することが推察された。その他の項目は，評価3を中心とする分布を与え，講義内容の評価について価値ある情報が得られたと思われる。個々の教官は，それぞれの項目について担当講義の全体平均からの偏差に注目し，講義内容の改善に努めていただきたい。

表5．平成13年度前期のB項目集計結果

項　目	無回答	1	2	3	4	5	平均点
満足度	2	26	128	660	570	403	3.67
シラバスの有効性	68	25	96	1163	285	152	3.13
シラバス通りの講義	75	12	64	1132	317	189	3.21
講義資料	11	28	143	549	596	462	3.72
説明の明快さ	1	42	196	564	570	416	3.63
板書の文字	6	64	250	638	442	389	3.46
声の大きさ	2	41	121	460	527	638	3.89
学生の理解度の配慮	2	31	175	757	479	345	3.52
講義環境の留意	5	12	77	873	486	336	3.58
講義時間の順守	3	17	63	622	454	630	3.90
平均値							3.57

1．悪い，2．あまり良くない，3．普通，4．比較的良い，5．良い

　B項目の平均値を用いたランキングについては上述した難点があり，不当に低い評価を与えられた教官が存在するが，今回はこのままの形で評価を進めた。農学部で開講されている高年次科目には受講者数数名の少人数講義と100近い受講者に対して行う大人数講義が存在する。今回のアンケート結果は，少人数講義が必ずしも高い評価を受けるとは限らないこと，大人数講義でもかなり高い評価を受けることを示してい

る。これは，各教官の努力が高い評価結果につながることを示唆しているが，大人数講義で高い評価を得ることの困難さを評価するシステムを取り入れることが今後の授業評価の課題の一つであると思われる。

2.4）学生の意見と教官の対応

　自由記載欄から抽出された学生の意見とそれに対する教官の意見を提出していただいたが，その提出率は低いものであった。平成12年度後期は34科目，平成13年度後期は14科目について報告がなされた。当初は自由意見についても講義名および教官名を空欄で公開する予定であったが，資料を提出された科目数が限られていること，講義名が教官意見の欄に書き込まれている場合が多いこと，講義名不明では資料の価値が減少することなどの理由から，本報告では各教官の許可を得て講義名および教官名を含む形で公開することとした。どのような講義にどのような意見が提出され，担当教官がそれに対してどのように対応したかを読み取っていただき，今後の講義設計に役立てていただきたい。

2.5）講義出席人数と学生評価との関係

　各講義における評価書解答数は，アンケート実施時に欠席した学生が存在した可能性もあり，実際の受講者数とは若干異なることが考えられるが，九州大学農学部で開講されている学部向け講義の人員構成をほぼ反映しているものと思われる。アンケートが回収された講義の総数は165であるが，31～40人のクラス編成が38と最も多く，11～20人の少人数クラスが34で第2位を占めた。50人以上の大人数クラスは31で全体の19％にすぎなかった。30人以下の少人数クラスは77で全体の47％，31～50人の中人数クラスは57で全体の35％であった。

　A－1の出席率は大人数講義で高い傾向が認められた。大人数講義では出欠調査が確実に行われ，評価の資料として使われていることが推察された。

　A－2は予習および復習の頻度を尋ねているが，全体として予習・復習を行った学生の割合は低く，比較的予習・復習を行った講義は少人数クラスに多く認められた。この結果は，学生に予習・復習を行わせるためには少人数クラスが好ましいことを示しているが，教官の指導により大きく影響されることはもちろんである。

　B－1は講義に対する満足度を尋ねたものであるが，クラスサイズの影響はほとんど認められなかった。

　B－2はシラバスの有効性について尋ねたものであるが，クラスサイズの影響はほとんど認められなかった。12年度後期の3つの講義で本項目の評価記載されておらず，

これらの講義の評価点を低下させているので，実際に評価に用いる場合は記載されていない項目については評価から外す必要がある。何故本項目の記載が省略されたのかについては調査の必要がある。

　B－3は講義がシラバスの沿って行われたかについて尋ねたものであるが，B－2と同様な結果が得られている。

　B－4は講義資料の適切さについて尋ねたものであるが，12年度後期の講義では少人数クラスで若干評価が高い傾向にあったが，13年度前期ではクラスサイズの影響はほとんど認められなかった。

　B－5は説明の明確さについて尋ねたものであるが，クラスサイズの影響はほとんど認められないものの，講義によるばらつきが大きい傾向が認められた。これは個々の教官の取組みに差があることを示唆している。

　B－6は黒板の文字の読みやすさについて尋ねたものであるが，B－5と同様にクラスサイズより教官ごとのばらつきが大きい傾向が認められた。

　B－7は声の大きさについて尋ねたものであるが，クラスサイズの影響はほとんど認められなかった。今回のアンケートの対象とはならなかった農学入門は100名前後の大人数講義であり，10名の代表教官によるオムニバス講義が行われている。この講義では，一部の教官の声が聞き取り難いとの意見が学生より提出されたため，大講義室にマイクを設置して利用可能としている。

　B－8は学生の理解度に対する配慮の有無を尋ねているが，クラスサイズより教官ごとのばらつきが大きい傾向が認められた。

　B－9は私語，遅刻などに対する教官の対応について尋ねているが，ほとんどの講義が評価3と4の間に分布し，教官による差が小さいことが明らかとなった。

　B－10は講義時間の順守について尋ねているが，クラスサイズによる影響は小さく，教官ごとのばらつきが大きい結果が得られた。

　今回の調査では，クラスサイズと評点の相関関係について考察したが，全ての項目でクラスサイズの影響は小さく，教官ごとのばらつきがより重要であることが推察された。シラバスについては，評価から外された講義があり，その定着および運用に工夫をこらす必要があろう。教官ごとのばらつきが大きかった項目については，あるべき姿についてのコンセンサスを得るとともに，今後も評価を継続していく必要があろう。

3. 学生による授業評価を終えて

　今回実施した学生による授業評価は，九州大学農学部としての最初の試みであり，

不完全な形であれ，実施することに重きを置いた。その結果，実施方式，アンケート内容，結果の集計および結果の評価に不十分な点が多く存在したものと思われる。しかしながら，本アンケート実施により各教官はそれぞれの講義の問題点を把握することが可能となり，学務委員会としても今後のカリキュラム改革およびFD実施に必要な多くの情報を得ることができた。今回の結果が，講義内容の高度化，さらには各教官の教育貢献度を正確に評価するための授業評価方式の確立に導くことを願っている。

参考資料3 （大学教育，8，81－86，2002）

学生参加型授業の試み

1）学生参加型授業のねらい

　九州大学教育憲章において，「九州大学の教育は，日本の様々な分野において指導的な役割を果たし，アジアをはじめ広く全世界で活躍する人材を輩出し，日本及び世界の発展に貢献することを目的とする」ことが教育の目的として掲げられている。学部卒および大学院卒にかかわらず，社会的あるいは研究分野でリーダーシップを発揮しうる人材を育成するためには，通常の講義形式の授業のみでは不十分であり，個々の学生に考えさせ，その成果を発表する訓練を行う必要がある。九州大学の学生は，真面目ではあるが概して大人しく，闘争心が表面に現れにくいとの評価を耳にすることが多い。この傾向は九州地区から入学した学生に顕著であり，九州地区で最高レベルの大学に在籍していることに満足しているものと思われる。このような闘争心の欠如は，入社試験等の競争原則が支配的な場においてその実力を発揮することを困難にするだけでなく，社会人としての活動においてその主張を周囲に認めさせることを困難にする。

　この状況を打開するため，個々の学生にテーマを与えて調査を行わせ，その結果を他の学生に対して発表させる，学生参加型授業を試行することとした。このような調査および発表形式の講義は，大学院レベルでは日常的に行われており，文献紹介あるいは研究成果報告などを学生が実施し，聴講する学生からの質問に答えさせる方式が多く取られている。しかしながら，大学院レベルでも質問することのできる学生の割合は高いものではなく，学生からの質問に的確に答えることのできる学生の割合はさらに低いものとなる。したがって，学生参加型授業の導入は可能な限り早期に実施することが望ましいと思われる。

　私が担当する講義は3年前期に開講される「食糧化学」および3年後期に開講される「食糧製造化学」である。前者は応用生物化学コース食糧化学工学分野の学生にとっては履修することを強く推奨されている科目であり，他分野および他学部の学生も聴講を希望するので，通常60～70人の学生が受講している。発表および討論を前提とする学生参加型授業はこのような大人数では実施困難であるので，選択科目である「食糧製造化学」で試みることとした。

2）講義の実施

「食糧化学」および「食糧製造化学」においては，前者で食品成分の機能と化学に関する基礎的知識を修得し，後者で機能性食品の構築に関する応用的知識を修得することを目的として講義を行ってきた。この目的に利用可能な単一の教科書は存在しないため，図表を取り入れたテキストを作成し，それを事前配布することにより，予習を前提とした講義を行ってきた（平成13年度からはこのテキストを教科書化して両講義に使用している）。学生参加型授業では，テキスト中の一部を各学生に割り当てて他の学生に対して講義を行わせ，質問に答えさせることとした。平成11年度は，食糧化学工学分野に所属する学生40名のうち37名が最後まで受講し，講義および質疑を行った。講義時間は一人10分以内とし，できる限り多くの質問に答えさせることとした。表1に平成11年度の質問数を示したが，10回の質問可能な講義日において37名の講義に対してなされた質問は40にすぎず，その多くは意欲の高い1名の学生によってなされたものであった。また，全く質問をしなかった学生が全体の6割を占めた。

表1　受講者数と質問回数の関係

年度	受講者数	質問総数	0	1	2	3	4	5	6	7	8	9	10	11	15
H11	37	40	23	5	5	2	1	0	0	0	0	0	0	0	1
H12	30	177	0	1	2	3	1	8	3	0	3	2	2	1	0
H13	39	157	4	5	5	6	6	3	1	1	4	1	2	1	0

一人あたり質問回数（人）

表2　講義日ごとの質問数

年度	日平均質問数	1	2	3	4	5	6	7	8	9	10
H11	3.9	3	1	1	1	4	10	8	4	2	5
H12	17.7	4	21	17	24	22	26	20	13	16	14
H13	19.6	27	25	20	22	24	14	7	18	—	—

この結果は，大学院での講義および演習，あるいは他大学での集中講義の経験から十分に予想のつくものであった。すなわち，これら学生の質疑を求めた講義においては，受講者数30名前後を境に質問数が激減することを体験してきた。そこで，平成12年度においては受講希望者を先着30名に制限することにより講義を行うこととし，最

終的に食糧化学工学分野の28名と農芸化学分野の2名の学生が本講義に参加した。その結果，30名の講義に対して177の質問が行われ，質問総数は5倍に増加した。また，全員が少なくとも1回は質問を行い，平均して一人あたり6回の質問を行った。一人あたりの質問回数は5回が最も多く，意欲に富む学生が平均値を若干押し上げる傾向を示した。このように，質問の数は大幅に増加したが，解答については学生では部分的にしか対応できず，いずれの年度においても教官による解説が不可欠であった。次の学生アンケート結果で示したように，今回実施した学生参加型授業においては学生の準備の程度がまちまちであり，講義内容を十分に理解させることはできなかった。しかし，講義形式については好評であり，学生に自主的な勉学姿勢を与えるとともに，自己主張する体験を与えることができた点において十分な成果を得たと考えている。

　平成13年度も同様な形式で講義を実施したが，受講者数を30名に限定することができず，最終的に39名の学生が受講した。全員を発表させるためには，テーマを絞らせ，発表時間を5分に短縮させたが，13年度は受講者数が多いにもかかわらず質問数が多かったため，1回の講義で4名もしくは5名の発表が限度であった。学期後半に全学ＦＤおよび教育企画委員会出席のために休講せざるを得なくなり，補講の日程も取れなかったため，7回目の発表日には6名が発表を行った。その結果，この日は質問を受ける時間が不足し，質問数が減少した。表2に示したように，13年度は受講者が多かった割には質問数が多く，平成12年度の17.7に対し日平均質問数が19.6に増加した。しかしながら，一人あたり質問数は5回以下の学生の割合が増加し，0回の学生も4名現れた。8回以上の質問を行った学生数は平成13年度と大差無く，積極的な学生の質問数は受講者数の影響を受けないが，消極的な学生の質問数は受講者数と反比例するものと思われる。

　「食糧化学」および「食糧製造化学」では，毎年少なくとも1回はテーマおよび文字数を指定したレポートを提出させてきたが，提出されたレポートの開示およびその内容に関する議論はこれまで行ってこなかった。平成13年度の「食糧製造化学」では，「狂牛病問題に対する各自の意見」に関するレポートを電子メールもしくはフロッピーディスクによる提出を求めたが，すべての学生が電子メールでレポートを提出することができた。それによって，これらのレポートを1冊のレポート集にまとめ，学生全員に配布することが可能となった。さらに，レポート内容に関する全体討論を講義最終日に実施する予定であったが，講義時間が不足したためその機会が失われたことは残念であった。

3）学生アンケート結果（評点の部）

　大学等で実施する講義は，その内容および経験が学生に定着してはじめて意義を持つものであり，講義内容に関する学生アンケートは講義のデザインを決定する上で大きな意義を有する。「食糧化学」および「食糧製造化学」では，平成9年度から学生アンケートを実施し，講義内容の改訂に利用してきた。平成9～12年度の「食糧化学」に関する学生アンケート結果については，「大学教育」第7号（2001年3月発行）ですでに報告している。

　表3は，学生参加型講義を行った平成11年度と12年度の学生アンケート結果の評点部分を示している。表3では，前期に実施した「食糧化学」に対するアンケート結果を通常型として記載している。また，平成12年度後期は農学部全体で学部講義に対する学生アンケートが実施されたので，全講義の平均点も記載している。なお，平成9年度から11年度までは試行的に作成したアンケート用紙を用い，平成12年度前期には農学部用に修正した試行用アンケート用紙を用い，平成12年度後期はその結果に従い再度修正したアンケート用紙を用いて，全学部で学生アンケートを実施した。したがって，時期により若干設問の内容が異なっている。

　「興味の持てる内容でしたか」が「満足できる内容でしたか」に変更されたが，この設問はいずれも講義に対する満足度を尋ねている。平成11年度は通常型に比べて若干高い評価を得たにすぎないが，受講者数を制限した平成12年度は明らかに高い評価を受けている。

　シラバスの利用に関する設問は平成12年度から取り入れたが，シラバスの認知度が低く，十分に活用されていない状況が伺える。

　平成11年度の必修科目に値するか否かの設問は，必修扱いの科目と選択科目であるので，比較の対象とはならない。テキストは基本的に共通の形式で作成しているので，評点の差は小さい。

　平成11年度におけるこれ以降の設問については，参加型は通常型より低い評価を得ている。これは学生が行った発表のやり方に対する不満に基づくものが多く，アンケート用紙の評点欄にその旨注記したものが存在した。しかしながら，平成12年度には講義に対する満足度の増加とともに，説明の明快さ，黒板の文字，音量，学生の理解度に対する評価が向上しており，前年度のアンケート結果を参考に行った手直しがある程度の効果をあげたことを示唆している。同じ項目で実施した平成12年度の全講義での平均点と比べ，すべての項目で参加型講義は高い評価を得ており，学生の満足度はかなり高いものと判断している。

表3　平成11および12年度のアンケート結果（評点）

質問	11年度 通常型	11年度 参加型	12年度 通常型	12年度 参加型	12年度 全講義
興味の持てる内容でしたか	4.0	4.3	4.1	—	—
満足できる内容でしたか	—	—	—	4.7	3.6
本講義のシラバスは講義の選択に有効でしたか	—	—	3.4	3.4	3.2
講義はシラバスに沿って行われましたか	—	—	3.6	3.8	3.3
この講義は必修課目に値すると思いますか	4.1	3.7	—	—	—
テキストはよみやすかったですか	4.4	4.1	—	—	—
講義資料（テキスト，プリント，スライドなど）は読みやすかったですか	—	—	4.2	—	—
講義資料（テキスト，プリント，スライドなど）は十分かつ読みやすかったですか	—	—	—	4.3	3.6
講義資料（プリント，スライドなど）は十分でしたか	3.9	3.3	—	—	—
講義資料（テキスト，プリント，スライドなど）は十分でしたか	—	—	4.2	—	—
説明が明快でわかりやすかったですか	3.8	3.2	4.1	4.4	3.6
講義のポイントは明瞭でしたか	3.8	3.5	3.8	—	—
黒板の文字は読みやすかったですか	4.2	3.8	4.0	4.2	3.4
声は良く聞こえましたか	4.2	3.6	4.1	4.4	3.9
学生の理解度に対する配慮が伺えましたか	4.4	3.8	3.7	4.5	3.4
講義の準備が十分にされたと思いますか	4.3	4.2	4.0	—	—
講義環境（私語，遅刻など）に留意されていましたか	3.8	3.8	3.6	3.9	3.5
講義時間（開始時刻と終了時刻）は守られましたか	—	—	—	4.6	3.9
平均	4.1	3.8	3.9	4.2	3.5
回収アンケート数	54	36	63	29	4565
自由意見記入者数	44	30	54	27	不明

4）学生アンケート結果（自由意見の部）

　表4に平成11および12年度の学生アンケートにおける自由意見を集約した。学生が講義する形式はいずれの年度においても高い評価を得ているが，学生の講義のやり方については多くの不満が提出された。具体的には，声が小さい，説明が早すぎる，板書が少ないなどの意見が提出された。しかし，平成12年度はこれらの難点を克服するようあらかじめ注意したこと，活発な質問が行われたため疑問の解決することができたことなどにより，説明が解りにくいという難点は大幅に改善された。

人数が多すぎるため一人あたりの持ち時間が少なすぎるとの不満は，平成12年度に30人限定とすることで改善はされたが，それで満足できる成果が得られた訳ではない。平成13年度は30人限定との方針を貫くことができなかったこともあり，テーマを指定しての総合討論やディベート等，他の方式も考慮する必要があると考えている。

表4　平成11および12年度アンケート結果（学生の自由意見）

学生の自由意見一覧	11年度	12年度
学生が講義する形式が良かった	12	15
面白く受講できた	2	8
自分たちで調べるのが面白かった		2
自分で調べたことは良く記憶できた	1	
発表内容についての指針を示してほしかった	1	
人前で発表する経験ができた	3	2
人数が多すぎた	3	
発表の持ち時間が短すぎた	1	1
テキストに基本的なことをもっと書いて欲しかった		1
先生の補足説明が解りやすかった		3
他の人の発表内容が解りにくかった	13	3
説明資料を配布して欲しかった	2	
予習していないと解らない内容が多かった	3	
先生の補足説明でも理解できなかった		1
質問できたのが良かった		4
先生に質問するより質問しやすかった		1
質問する人が限られており，質問数も少なかった	2	
2人一組で2回発表させたら良いと思う		1
学生同士の理解が深まった	1	1
質問回数を得点とするのは好ましくない		1
今のままでよい		1
期末試験もやった方が良い	1	1

学生の評価は，出席点，質問回数，レポート点，発表点を総計したもので行っている。レポート点および発表点は一律に与えているので，出席点および質問回数が評価を決定することになる。質問の質については評価せず，単なる回数のみをカウントすることに対する拒否感が一部の学生に存在しており，平成12年度に1名の学生が疑義を表明している。その理由は，質問しなければならないというプレッシャーを感じた

ことと，得点をあげるためにくだらない質問をした人がいたのではという疑問であった。同様な意見は，平成9年度の「食糧化学」の講義で講義中の質問を奨励して質問回数を出席点に付加した際にも1件提出され，以後質問点を廃止した経緯がある。この時の意見は出席点を得るために質問したと思われたくないので，意地でも質問しなかったというものであった。期末試験を実施すべきであるとの意見も1件ずつではあるが提出され，頼もしく感じたが，少数意見であるため採用するには至っていない。

5）おわりに

学生参加型授業を試行して3年目に入っているが，3年次の学生にとって他の学生の前で発表すること，その内容について質疑応答を行うことについて大きな満足を得ていることが明らかとなった。しかしながら，講義中に修得できる知識は学生が選択して発表を行った項目と質疑応答のなかで論じられた項目に限られることになり，関連する知識を体系付けて修得させることができないという難点がある。体系付けられた知識を身につけさせるためには，それに相応しい教科書を用意する必要があるので，必要な知識をまとめたテキストを作成して事前配布することにより通常型および参加型授業を行ってきた。しかしながら，教官側が必要と考えるすべての情報を伝えるには講義時間数が不足するのが現状であり，予習を前提とした講義を組まざるを得ない。現在試行中の学生参加型授業では，学生はインターネット等を活用して最新情報を含めた発表を行っており，割り当てられたテーマに関しては知識を深めているが，それ以外のテーマについては予習を行う学生は少数にすぎないのが現状である。学生参加型授業の充実には少人数クラスを編成することが必須であるが，多人数でも実施可能な方法を探るため，今後もグループ学習やディベートの導入などの試行を続けたいと考えている。このような試みのアイデアを得るためにも，学生の授業評価における自由意見の聴取は非常に有用である。個々の教官がそれぞれの講義に適したアンケートを実施して講義内容の改善に利用されるとともに，その情報が公開されることを望んでいる。

参考資料4 (大学教育, 9, 123-128, 2003)

農学研究院・言語文化研究院合同FDを実施して

1. 実施の背景

　九州大学大学院農学研究院と言語文化研究院は2002年12月5日に農学部において合同ファカルティーデベロップメント（FD）を実施した。このFDを計画したきっかけは2002年5月17日に開催された教務委員会終了後の山田委員と徳見委員の情報交換にある。この委員会で議論された内容について意見交換を行った結果，農学部学務委員会に言語文化研究院の教官がオブザーバーとして参加し，語学教育に関する意見交換を行うことが望ましいとの結論を得た。この意見交換については，農学部学務委員会の了承を得ることができ，7月28日開催の農学部学務委員会に言語文化研究院から2名の教官に出席していただき，有意義な意見交換を行うことができた。

　農学研究院では，2001年12月11日に第1回農学研究院FDを学務委員会が中心となり実施した。このFDでは，平成12年度後期および13年度前期に実施した学生による授業評価結果に関する討議を主題とし，農学研究院所属の教官による報告および議論を行ったが，次回以降は外部講師に講演を依頼して幅広く情報を求める必要性が感じられた。上述した言語文化研究院との意見交換は，研究院の枠を越えた教官の交流が学生教育の高度化に大きく寄与することを実感させ，より大規模での交流を目指して合同FDを立案した次第である。

資料　九州大学大学院農学研究院・言語文化研究院合同ファカルティーデベロップメント式次第

1）開会挨拶　　坂井克己　農学研究院長
2）講演1　留学生・研修生への農学教育：現状と将来 　　　　　　　　　　　　　　　　　熱帯農学研究センター　緒方一夫
3）講演2　「科学英語Ⅰ」を実施して　　　　　　　農学研究院　池田郁男
4）講演3　九州大学における英語教育の現状と将来展望 　　　　　　　　　　　　　　　　　　　　　言語文化研究院　徳見道夫
5）講演4　九州大学における未修外国語教育の現状と展望 　　　　　　　　　　　　　　　　　　　　　言語文化研究院　恒川元行
6）フリーディスカッション
7）閉会挨拶　　森茂太郎　言語文化研究院長

本ＦＤの実施については，農学部学務委員会で了承を得た後，言語文化研究院徳見評議員に申し入れを行い，同研究院教授会の了承を得ることができた。そこで，11月6日に言語文化研究院の徳見，恒川両評議員に箱崎キャンパスへ来ていただき，農学研究院山田学務委員長，池田学務副委員長，農学部学生掛長との間で実施に関する打ち合わせを行った。その結果，農学研究院から2題，言語文化研究院から2題の講演を行うこと，講演時間は30分以内とすること，1時間程度のフリーディスカッションを行うこと，フリーディスカッションは語学教育の将来に関する建設的議論を行うこと，講演要旨集を作成して当日配布することなどが決定された。講演内容の重複を避けるため，講演要旨を早めに提出していただき，各講演者に要旨集をメイルで送付することにより内容の調整を行うことにした。本FDの内容を資料に示した。

2. 講演内容

　本FDは2002年12月5日に14時から17時まで農学部5号館117講義室において開催され，両研究院から100名以上の教官が参加した。坂井農学研究院長の開会挨拶，4名の演者による講演，フリーディスカッション，森言語文化研究院長の閉会挨拶の順に進行したが，講演時間を守っていただいた結果，1時間にわたり有意義な討論を行うことができた。多忙の中で講演準備をしていただき，進行にご協力をいただいた講演者の方々に深く感謝の意を表したい。

　最初の講演者である緒方一夫助教授は熱帯農学研究センター所属であるが，農学研究院の留学生に対して英語での講義を実施しているだけでなく，東南アジアの農業指導等で頻繁に海外出張されている教官である。講演は留学生教育を中心に行われ，1990年以降に留学生の出身国が多様化しつつあることが紹介された。農学研究院に在籍する留学生の90％以上がアジア出身者であり，なかでも中国，台湾および韓国出身者が多いが，他の国々からの留学生も増えつつあることが示された。この増加に寄与しているものとして，ODAの「留学生無償支援事業」によるベトナム，ミャンマー，カンボジア，ラオスからの留学生の受け入れに関する説明が行われ，それに関連して，1994年に開設された国際開発特別コースの修士に対する英語による講義のカリキュラム作成に関する情報が提供された。また，留学生教育の現状についても報告され，英語教育に使用可能な教材の不足が指摘された。今後の留学生教育おける授業形態として，通常の講義形式，グループ討議，ロールプレイ，ケーススタディなどの方式が提案され，これらの講義を円滑に行うためには視聴覚機材の充実，机の配置の適正化，補助者の導入などの必要性が提議された。最後に，留学生の英語教育の到達点について言及され，テクニカルコミニュケーションを可能にすることが重要であるとされた。

池田助教授は，農学部ではじめて実施した学生による授業評価において科学英語Ｉで最高の評価を得た担当教官であり，3年前に開講した科学英語Ｉの講義の設計および実施に関する経験を話していただくようお願いした。まず，日本人の英語の最大の弱点は冠詞および数の概念を十分に理解していない点にあるとし，テスト等を通じてその概念について徹底的に教育したことが述べられた。また，できる限り多く英文を読ませることを目的として，大学院レベルの生化学に関する英文を宿題として与え，一人あたり1～2文を和訳させている。さらに，和文英訳については，40名強の学生全員の答案を1週間かけて添削し，次回の講義に20分程度を費やして問題点の解説を行ったとのことであった。専門英語についても，各研究室の先生方に研究論文を推薦していただき，学生に論文を選択させて全訳もしくは要旨を6週間後に提出させる形式をとっている。初年度は1人1報を選択させたが，学生の負担が非常に大きいとの意見が提出されたため，以後は5名で1報に変更したとのことであった。初年度の科学英語Ｉに対して実施された学生の授業評価結果では，「大変であった」という意見は多かったが，学生の勉学意欲は非常に高いとの感触を得たようである。英文和訳は講義の進行につれて目に見えて上達するが，和文英訳の上達は短期間では困難であるとの結論であった。和文英訳は，添削に多大の時間を要するので，多量の課題を学生に課すことが困難であることが上達を妨げているのではないかとの意見であった。

　言語文化研究院の徳見評議員からは英語教育の現状と将来展望に関する講演が行われた。まず，1999年度に導入された新カリキュラムが紹介され，20数名のクラス編成で行われるインテンシブ英語演習における英作文の指導や各クラスから数名を選抜して15名程度の小人数編成で行われる選抜英語演習についての紹介が行われた。また，2年次においてはクラス選択を学生にゆだねることにより学習の動機づけを向上させる試みが紹介された。箱崎分室で全学向けに開講されている「言語文化科目Ⅱ」では高度な外国語運用能力の獲得を可能にしていること，高年次の学部生だけでなく，大学院生および教職員にも解放していることが報告された。「九大の英語教育を考える会」の活動についての報告も行われ，数百枚のCALL教材CD－ROMが貸出されて学生の自主的な英語能力の向上に寄与していることが紹介された。九大の英語教育の問題点については，ベネッセにより実施された英語コミュニケーションテストの結果，九大生の成績は芳しいものではなかったことが報告された。英語能力の判定におけるTOEICの導入については，統一試験専門委員会を設立して具体的な討議が行われているとのことであった。非常勤講師については，年間必要コマ数の半分を非常勤講師に依存している現状であり，その依存率を低下させるためには大人数講義と小人数講義のバランス変更などのカリキュラム変更が必要であることが提議された。TOEIC

の点数を上げるための講義も必要であるが，スピーチ，英作文，英文精読などに関する講義も求められており，すべての要求に答えることは困難であることが述べられた。

ドイツ語を担当する恒川評議員からは，未修外国語に関する報告が行われた。まず，本年10月に各学部の教務関係の教官に対して言語文化研究院で実施した「外国語教育アンケート」結果の紹介が行われた。主な結果は，未修外国語に対して実用的な意義を認める意見は少ないこと，諸外国の文化等を理解するための重要性が多くの教官により認識されていること，未修外国語の時間数削減を求める意見は少なかったことなどであった。また，恒川教授が使用している独語テキストの内容についての説明が行われ，文法に関する記載と匹敵するページ数でドイツ事情を紹介する新聞記事等のコピーを掲載していることが紹介された。教育上の問題点としては，ビデオ教材などの支援がなければ紹介記事を読ませることすら困難であること，日常会話を教える時間的余裕は無いこと，語学教育に求められるすべてをバランス良く教えることは不可能であること，会話を勉強するためには基礎的知識が重要であることなどがあげられた。

3. フリーディスカッション

フリーディスカッションに入る前に，まず言語文化研究院の鈴木助教授に「ケンブリッジ語学研修」に関する紹介をお願いし，語学教育における担当教官の苦労について農学研究院教官により深く理解していただくことにした。

最初の発言は農学研究院の若手助教授から行われ，国際的に有名な日本人研究者が国際学会において研究報告はスムーズに行ったが，質疑応答においてはほとんど対応できず，英会話能力向上の必要性を痛感したことが紹介された。本教官は，今年度から科学英語。を担当することとなっており，ノーベル賞受賞講演をインターネットからダウンロードして英会話教材として使用したいと考えているとのことであった。この発言に対して言語文化研究院からは，低年次の学生に対して論文作成能力および会話能力を付与するのは無理であること，箱崎分室でスピーチ能力を向上させるための講義および演習を行っていることが紹介された。

英語教育については，文法力，読解力，英作文能力，会話能力など，基礎から実用にわたる幅広い能力の付与が求められているが，第一外国語として割り当てられた時間数は限られたものにすぎない。そこで，学部が求めている語学教育の内容について優先順位は付けられないかとの問いかけを行った。これに対して農学研究院からの発言はなく，言語文化研究院の教官から大学においては英語の基礎能力を付与するのに必要な時間数さえ確保されておらず，特定能力の向上に特化することは意味がないとの発言がなされた。また，学生の需要に合った講義を提供すること，方法論を教える

こと，ゼネラルに教えて将来に備えさせることが重要であるとの指摘がなされた．

　全学教育と学部教育における語学教育は目的が異なっており，全学的な分業体制を作るべきであるとの意見が言語文化研究院より提出された．語学は読書きが基本であり，会話はアドバンスドコースで行うべきであること，添削は有効な教育手段であるが多大の労力を有するので小人数クラス向きであること，箱崎クラスで多くの上級科目を開講しているが受講者が少ないので，受講しやすいカリキュラム編成をお願いしたいことなどがあわせて提案された．

　英会話能力の高い日本人科学者が必ずしも流暢な英語を話しているわけではないとの発言が農学研究院の教官から提出され，それに関連して英会話の成立に重要なポイントについての質問が行われた．それに対する言語文化研究院教官の解答は，英会話は強弱の繰り返しであり，いい英語はリズムのある英語であるとのことであった．また，スピーチ能力を向上させる講義では，スピーチ原稿をメイルで提出させて添削する作業を行っていること，英語国民との会話だけでなく，非英語国民同士の英会話についても考慮する必要があることが述べられた．

　未修外国語関係では，学習意欲の重要性に関する発言がなされた．5月，6月頃から学習意欲の低下を感じることが多いとのことであり，学習の必要性を学生に理解させることの重要性を痛感させられる発言であった．恒川評議員の報告に見られたように，未修外国語の重要性は多くの教官が認識していると思われるが，学生に認識させる努力が必要であると思われる．学生の勉学意欲はその必要性を感じてはじめて誘起されるものであり，語学教育だけでなく，すべての講義においてカリキュラム編成および講義の設計に際して考慮すべき問題であると思われた．

　英会話能力の付与以前の問題として，日本語能力の向上，日本語でのスピーチ能力の向上が必要であるとの意見が農学研究院の教官からなされた．九州大学の学生はアピール能力が弱いとの指摘がなされており，学生教育上の大きな課題となっているが，これについては今回のテーマからはずれるため，討議は行わなかった．

　フリーディスカッションには1時間弱の時間しか使えなかったが，終了予定時刻の17時をやや超過するまで熱心な討議が行われた．時間の不足のため，英会話を中心とした限られた内容の議論となったが，農学研究院と言語文化研究院の教官の相互理解の進展に何らかの寄与ができれば，本FDを実施した意義があったものと考えている．

4．合同FDを終えて

　今回の合同FDは，農学研究院および言語文化研究院の教官にとって他研究院教官の率直な意見を聞くことができた点で好評であった．農学研究院の教官の多くは言語

文化研究院教官が箱崎地区で言語文化科目Ⅱを開講し，英語での表現能力の付与などに関する講義を学生および教職員に開講していることを初めて耳にしたものと思われる。農学研究院においても科学英語ⅠおよびⅡを開講して学部学生に対する英語教育を行っているが，語学教育について専門家の意見を聞く機会を持ったことは有意義であった。

　しかしながら，2時間の講演と1時間のフリーディスカッションでは限られた問題に関する討議を行うことができたに過ぎず，問題解決に向けて突っ込んだ議論を展開することができなかった。これは，全教官を対象にしたFDでは不可避のことであり，全学FDで実施されているような1日もしくは2日をかけて行う徹底した議論は，選抜された代表教官を対象にする場合に初めて可能になるものと思われる。したがって，合同FDの実施においては，代表教官により問題点の整理を行い，焦点を絞った形で講演および討論を行うことが好ましいと思われる。

　大学教育の改善は，このような講演および討論形式のFDのみで達成されるものではなく，各教官の教育研究方式の日常的な改善努力により初めて達成されるものである。このような改善にはかなりの労力を必要とし，個々の教官の努力に依存するのみでは十分な改善は期待できず，教育研究上のノウハウを共有することが必要である。農学研究院で実施した学生の授業評価の結果から，個々の教官がそれぞれ講義の実施にあたり独自の工夫をこらしていることが推察されたが，このような情報は一部の講義について報告されたにすぎず，講義実施上のノウハウについてはほとんど公開されていない状況にある。大学教育をより高度かつ効率的に行うためには，各教官の工夫を共有し，共同して改善していくシステムを構築する必要があり，教育上の知識を公開する場を設けることが望ましい。「大学教育」は九州大学教育研究センターから年1冊発行され，大学教育の改善に関するさまざまな情報を含んでいるが，その配布先は限られたものであり，各教官が目にする機会はほとんどないのが現状である。この状況を改善するためには，大学教育の改善に関する原稿を幅広く集め，全教官に配布することにより大学教育の改善に関する意識の向上をはかることが望まれる。印刷製本費用を捻出するため，各研究室での購読を義務付けることも必要であると思われる。また，大学教育の改善に寄与する原稿をまとめて，単行本として市販することも大学教育の改善に広く貢献するものと思われる。

　今回のフリーディスカッションでは，農学研究院教官と言語文化研究院教官の間に語学教育に関するかなりの認識の相違が認められた。学部教官は実用英語能力を重視しており，英語での論文作成能力および英語でのスピーチ能力の向上を強く求める傾向にある。しかしながら，現在の語学教育のコマ数では読解力を十分に付与するにも

不足する状況であり，十分な基礎能力を付与してはじめて応用力を付与することができるとの言語文化研究院教官の意見は十分納得できるものであった。

低年次教育においては，さまざまな学部に所属する学生を対象にしており，各科目の達成度に関する学部の要求はかなり異なると思われる。また，学生の準備状況もかなりの幅を持っており，画一的な教育を実施しにくい状況にある。したがって，すべての学生が習得しなければならない知識と各人の必要に応じて習得すべき知識を区別する必要があり，基礎科目と上級科目を区別して講義内容および実施形式を変える必要があるものと思われる。基礎科目では大人数講義で基礎知識を付与することを主目的とし，上級科目では小人数形式により高度な語学運用力を身につけさせることが望ましい。同様な配慮は，基礎科学科目においても必要であり，基礎科目と上級科目の区別は教官にとっても講義の組み立てを容易にするものと思われる。

大学教育の本質は自ら学ぶ姿勢にあると考えている。教育には「教える」ことと「育む」ことが含まれるが，前者は教官側の姿勢が強く，後者は学生の個性を尊重する響きがある。基礎知識を教えることは初等および中等教育において重要ではあるが，高等教育においては育むことにより重点をおくべきであると考えている。講義で得た知識の多くは時間とともに忘れてしまうが，現場で得た知識は長期間にわたり覚えていることができるし，応用可能な知識として定着するものである。したがって，大学教育ではそれぞれの学問分野において知識習得の必要性を学生に伝えることが重要であり，学生に勉学意欲を誘起する講義を行うことが望ましい。語学教育においては，どのような場面でどのような能力が必要となるかを学生に伝え，行われる講義がその必要性に対してどのような意味を有するかを示すことが望ましい。

高度な英作文能力や英語会話能力などの応用的能力はすべての学生に対して必ずしも必要ではなく，個々の学生が必要に応じて上級科目を受講し，自習により能力向上をはかることが適切であると思われる。すでに，言語文化研究院では言語文化科目Ⅱとしてこのような要求に答えるための講義を開設しているが，認知度が低いため受講者数が少ないとのことである。低年次教育では上級科目を習得可能なレベルに学生の語学力を引き上げることを中心に講義を行い，すでに十分な語学力を有する学生には基礎科目の受講を免除しても良いものと思われる。言語文化研究院においても，TOEICで一定以上の得点を取得した学生には一定の範囲で単位を付与することが検討されている様であるが，すでに高度な能力を有する学生に対しては柔軟な対応を行うべきであろう。基礎科目の大人数化と一部の学生への単位付与は講義コマ数の削減につながり，非常勤講師への依存度を低下させることが期待される。

学生のスピーチ能力の低下は英会話以前の問題であるとの提議がなされたが，この

点については語学教育と離れることからフリーディスカッションの議題とはしなかった。しかし，この問題は九州大学の教育においては重要な検討課題である。九州大学の学生は全体として大人しく，自己主張が弱い傾向にあり，就職試験において面接で失敗する傾向が強い。この状況を改善するため，3年後期で学生参加型の講義を実施しているが，九州出身の学生は他地区から入学した学生より発言数が少ない傾向が明らかに認められる。しかしながら，発言しなければならない状況を設定し，発言しやすい環境を与えてやれば自己主張を行うことができるようになり，発表能力に自信を持たせることが可能である。学生の表現力を高めることは，科学者教育においても高度社会人教育においても重要であり，全学的な取り組みが望まれる。

山田耕路（やまだ・こうじ）　現職：九州大学教育担当理事副学長。
1951年6月7日生。1970年4月九州大学農学部入学，1974年3月九州大学農学部食糧化学工学科卒業（食糧化学研究室），1976年3月九州大学無学研究院食糧化学工学専攻修士課程修了。
1979年3月九州大学農学研究院食糧化学工学専攻博士後期課程修了・農学博士号取得。同年11月アメリカ国立環境健康研究所ポストドクトラルフェローとして渡米。
1982年3月九州大学医学部癌研究施設助手に採用（同年4月生体防御医学研究所に改組），1985年4月九州大学農学部食糧化学工学科助手に配置転換，1989年10月同助教授昇任，1997年4月同教授昇任，現在に至る。
この間，1997年4月から翌年3月まで総長補佐，2000年4月から2004年3月まで農学部学務委員長（全学教務委員），2004年4月から総長特別補佐（大学改革担当），2005年11月から教育担当理事副学長。
主な編著書，共著に『細胞制御工学』（学窓社、1986）『食品と生体防御』（講談社、1992）『動物細胞培養技術』（廣川書店、1992）『食物アレルギー』（光生館、1995）『食品成分のはたらき』（朝倉書店、2004）『抗アレルギー食品ハンドブック』（サイエンスフォーラム、2005）『大学でどう学ぶのか』（海鳥社、2005）『食品のはたらき』（海鳥社、2006）などがある。

大学教育について考える
■
2006年9月23日　第1刷発行
■
著者　山田耕路
発行者　西　俊明
発行所　有限会社海鳥社
〒810-0074　福岡市中央区大手門3丁目6番13号
電話092（771）0132　FAX092（771）2546
印刷・製本　有限会社九州コンピュータ印刷
ISBN 4-87415-599-5
［定価は表紙カバーに表示］
http://www.kaichosha-f.co.jp

海鳥社の本

大学でどう学ぶのか　　　山田耕路

人生を決定づける大学時代を，知的に生き生きと過ごすために必要なことはなにか。日々の学習から生活まで，大学を目指す人，大学生，大学院生へ九州大学教授がおくる大学生活へのアドバイス。
46判／190頁／並装　　　　　　　　　　　　　　　　　　1500円

食品のはたらき　　　山田耕路

体調調節機能を持つ食品が，次々と特定健康保健用食品に指定され，さらに多くの食品がサプリメントや健康食品として市場にあふれている。こうした食品の内容や利用について，食生活全体の中での正しい知識を分かりやすく提供する。　Ａ５判／168頁／並製　　　　　　　　　　　　2381円

はじめての現象学　　　竹田青嗣

考えることの根本原理。誰にでも理解・実践できるかたちで現象学を説き，人間の可能性を探求する思想として編み直す。さらには独自の［欲望‐エロス論］へ向けて大胆な展開を示した"竹田現象学"待望の著作。
46判／294頁／並製／7刷　　　　　　　　　　　　　　　1700円

他者と死者 ラカンによるレヴィナス　　　内田　樹

現代思想・哲学において近年ますます重要度を高めるＥ・レヴィナスの思想。その核心である「他者」論を，同じく難解で知られるＪ・ラカンの精神分析理論と突き合わせつつ読み解く刺激的な試み。レヴィナス論の白眉！
46判／282頁／上製／3刷　　　　　　　　　　　　　　　2500円

書評のおしごと　　　橋爪大三郎

1983年から2003年までに発表された約200点の書評・ブックガイド・解説・論文を収めた書評集成。思想／社会／知の前線／世界／時代／生活文化などに分類。この20年，橋爪大三郎はどんな本を読み，何と格闘してきたのか。
Ａ５判／400頁／並製　　　　　　　　　　　　　　　　　2500円

百姓は米をつくらず田をつくる　　　前田俊彦

「人はその志において自由であり，その魂において平等である」。ベトナム反戦，三里塚闘争，ドブロク裁判。権力とたたかい，本当の自由とは何かを問い続けた反骨の精神。逝って10年，瓢鰻亭前田俊彦・〈農〉の思想の精髄。
46判／340頁／並製　　　　　　　　　　　　　　　　　　2000円

＊価格は税別